WIE MAN ANGST BEWÄLTIGT

DER VOLLSTÄNDIGE LEITFADEN ZUR ACHTSAMKEIT, UM ANGST, DEPRESSIONEN, PANIKANFÄLLE ZU BEWÄLTIGEN UND NEGATIVES DENKEN UND SCHLECHTE GEWOHNHEITEN ZU VERÄNDERN

MATTIA PONZO

HAFTUNGSAUSSCHLUSS

Dieses Buch ist kein Ersatz für medizinischen Rat. Es wird empfohlen, in allen gesundheitlichen Fragen regelmäßig einen Arzt aufzusuchen, insbesondere bei Symptomen, die eine Diagnose oder Behandlung erfordern.

Die Informationen in diesem Buch dienen ausschließlich zu allgemeinen Informationszwecken. Obwohl wir uns bemühen, diese Informationen aktuell und korrekt zu halten, geben wir keine ausdrücklichen oder stillschweigenden Zusicherungen oder Garantien bezüglich der Vollständigkeit, Genauigkeit, Zuverlässigkeit, Eignung oder Verfügbarkeit der Informationen, Produkte, Dienstleistungen oder zugehörigen Grafiken in diesem Buch.

Die Nutzung dieser Informationen erfolgt auf eigenes Risiko. Die Methoden, die in diesem Buch beschrieben werden, spiegeln die Meinung des Autors wider und sollten nicht als endgültige Anleitung für ein spezielles Projekt verwendet werden. Es besteht die Möglichkeit, andere Methoden und Materialien zu verwenden, um ähnliche Ergebnisse zu erzielen.

INHALT

EINFÜHRUNG

Angst wird durch mehrere Faktoren ausgelöst und äußert sich in einer Vielzahl von Symptomen. Dazu können verhaltensbezogene, kognitive und emotionale Komponenten gehören. Aus diesem Grund können Sie eine Gruppe von Personen bitten, über ihre Erfahrungen und ihr Verständnis von Angst zu sprechen, um verschiedene Erklärungen und Definitionen dafür zu erhalten, was es für sie bedeutet, ängstlich zu sein.

Angstzustände treten häufig zusammen mit Depressionen auf, so oft, dass viele sie als Teil derselben Störung betrachten. Wie Depressionen treten Angstzustände bei Frauen häufiger auf als bei Männern – fast doppelt so häufig.

Angststörungen werden in einer Gruppe verwandter Erkrankungen zusammengefasst und können sich von Person zu Person sehr unterschiedlich äußern. Allen Angststörungen gemeinsam ist eine anhaltende oder schwere Angst oder Sorge, selbst unter Umständen, die von den meisten Menschen nicht als bedrohlich wahrgenommen werden.

Menschen unterscheiden sich in der Häufigkeit und Intensität, mit der sie Angst erleben, sowie in der Dauer. Die meisten Menschen halten Ängste für normal und haben gelernt, damit zu leben, wenn sie auftreten. Ein gewisses Maß an Angst ist Teil unseres Alltags.

Leider erleben andere Menschen ein so starkes Angstgefühl, dass es ihnen großen Kummer bereitet und ihr Wohlbefinden beeinträchtigen kann. Dies kann sich auf mehrere lebenswichtige Bereiche eines Menschen auswirken, wie zum Beispiel auf den Beruf, das Studium und die Beziehungen. Wenn die Angst ein Ausmaß erreicht, in dem sie belastend wird und das Wohlbefinden beeinträchtigt, sprechen wir von einer Angststörung.

Angststörungen kommen häufiger vor als alle anderen psychischen Störungen. Eine Studie ergab, dass 5,6 % der Italiener von generalisierten Angststörungen, Panikattacken und spezifischen Phobien betroffen sind. Solche Störungen können durch genetische Faktoren, Umweltbedingungen, psychologische Merkmale oder körperliche Faktoren ausgelöst werden. Angst kann zu Schwindel, erhöhter Herzfrequenz oder Atemnot führen.

Die gute Nachricht ist, dass es Experten auf diesem Gebiet gibt, die Angstprobleme und ihre Störungen verstehen, diagnostizieren und behandeln können. An diesem Punkt ist eine genaue Diagnose wichtig, da die Behandlung für jede Person unterschiedlich ist. Darüber hinaus müssen Angststörungen von normalen Ängsten unterschieden werden, die keiner Behandlung bedürfen. Nachdem eine Angststörung gründlich diagnostiziert wurde, können bei den meisten Menschen verschiedene Therapien wie Psychotherapie oder medikamentöse Behandlung zur Linderung eingesetzt werden.

Jeder erlebt irgendwann in seinem Leben Angst. Es ist eine häufige Reaktion auf Stresssituationen. In den meisten Fällen kann sie ein nützliches Werkzeug sein: Reflexe werden beschleunigt, die Aufmerksamkeit ist hyperfokussiert, die Herzfrequenz steigt und der Körper ist sofort einsatzbereit. Normale Angst reagiert auf eine unmittelbare Bedrohung und lässt nach, sobald die Gefahr vorüber ist. Bei Menschen mit

Angststörungen geschieht dies jedoch häufiger und intensiver, als es notwendig wäre.

In den Tagen der sogenannten Höhlenmenschen war Angst besonders nützlich. Sie versetzte Körper und Gehirn in den „Kampf-oder-Flucht"-Modus und lenkte die Ressourcen des Körpers von kognitiven Aktivitäten auf die Muskeln und das Herz.

Dies war der Schlüssel zur Flucht oder zur Vermeidung einer tödlichen Bedrohung. Leider reagiert das Gehirn heute für viele von uns ähnlich auf Dinge, die es als gefährlich wahrnimmt. Wir werden jedoch selten von einem Säbelzahntiger gejagt; unsere Gefahren sind meist wahrgenommene Bedrohungen, abstraktere Ideen, die uns vielleicht nicht körperlich verletzen, uns aber psychisch schaden könnten.

Das Gehirn ist ein faszinierendes Organ, das in wenigen Millisekunden komplexe Entscheidungen treffen kann. Sobald es einen Reiz erhält, entscheidet es, ob es sich um eine Bedrohung handelt oder nicht. Wenn dies der Fall ist, wird der kleine Abschnitt namens Amygdala aktiviert, noch bevor der Gedanke bewusst wahrgenommen wird. Dies beeinträchtigt die kognitive Funktion, während die körperliche Funktion für eine Kampf- oder Fluchtsituation erhöht wird.

Wenn das Gehirn keine Bedrohung erkennt, sendet es die Information an den Hippocampus, wo sie als Gedanke verarbeitet wird. Aufgrund der gesamten Arbeit, die es leisten muss, sucht das Gehirn manchmal nach Abkürzungen. Diese „Abkürzungen" sind oft der Beginn übermäßiger Angst. Bei Angststörungen verändern vergangene Erfahrungen oder Gedanken fälschlicherweise die Wahrnehmung der aktuellen Situation.

Sie denken vielleicht, dass Ihnen einige der oben beschriebenen Reaktionen bekannt vorkommen, aber lassen Sie uns darüber sprechen, wie sie in einer alltäglichen Situation erlebt werden. Geistig bringt Angst wirbelnde Gedanken, ein Gefühl von Besorgnis oder Unruhe, Sorgen, die sich kaum kontrollieren lassen, Panik, das Gefühl, die Kontrolle zu verlieren, ein Gefühl des drohenden Untergangs, Reizbarkeit und manchmal das Gefühl, sich selbst zu entfremden.

Körperlich können Symptome wie Kurzatmigkeit, Herzrasen, Schwitzen, Schüttelfrost oder Hitzewallungen, Übelkeit oder andere Magenbeschwerden, Schwindel oder Benommenheit, Taubheitsgefühl, Erstickungsgefühl und Brustschmerzen auftreten. All dies kann passieren, wenn die Angst besonders intensiv wird und bei Panikattacken auftritt.

Angststörungen lösen diese Symptome aus, wenn durch irrationale Überzeugungen oder fehlerhafte Annahmen eine Bedrohung wahrgenommen wird. Bei denjenigen, die davon betroffen sind, geschieht dies häufiger, intensiver und über einen längeren Zeitraum als bei Menschen ohne diese Störung. Angst ist unkontrollierbar, und diejenigen, die darunter leiden, haben oft das Gefühl, die Kontrolle zu verlieren, was zu größerer Angst führt und einen Teufelskreis in Gang setzt. Je stärker die Symptome, desto schwieriger wird es, den Teufelskreis zu durchbrechen. Dies macht die Behandlung einer psychischen Erkrankung besonders schwierig.

KAPITEL 1: ANZEICHEN UND SYMPTOME VON ANGSTSTÖRUNGEN

Wenn Sie mit der Diagnose einer Angststörung konfrontiert sind, finden Sie sich oft mit der Vielzahl an Behandlungsmöglichkeiten konfrontiert. Interessanterweise suchen diejenigen, die diese Diagnose erhalten, dreimal bis fünfmal so häufig Hilfe bei Therapeuten als diejenigen, die diese Erfahrung nicht teilen. Darüber hinaus wird die Idee, in eine spezialisierte Einrichtung eingewiesen zu werden, sechsmal häufiger in Betracht gezogen.

Diese Störungen sind nicht einfach Eindringlinge in unserem Gehirn, sondern können schwerwiegende Auswirkungen auf die psychische Gesundheit haben und die Möglichkeit einer engen Verbindung mit Depressionen eröffnen. Es ist nicht ungewöhnlich, gleichzeitig eine Angststörung und Depression zu diagnostizieren, was das klinische Bild weiter verkompliziert und einen vielfältigen therapeutischen Ansatz erfordert.

Das Ausmaß der Ängste zeigt sich in den vielfältigen Symptomen, die alle Aspekte des Menschen betreffen: Gefühle, Gedanken, körperliche Empfindungen und Verhaltensweisen. Es ist wichtig zu betonen, dass Angst ein äußerst persönliches Gefühl ist, das ein Terrain schafft, in dem jeder Einzelne es einzigartig wahrnimmt. Diese Vielfalt führt dazu, dass verschiedene Menschen nicht nur unterschiedliche Symptome zeigen können, sondern diese auch unterschiedlich stark wahrnehmen.

Die Angstsymptome entfalten sich in drei grundlegenden Dimensionen: im physischen Bereich, der zu Herzklopfen, Zittern, Muskelverspannungen und Verdauungsstörungen führen kann; in der Verhaltensdimension, gekennzeichnet durch Vermeidungsstrategien oder zwanghafte Verhaltensweisen; schließlich die kognitive Dimension, bei der katastrophisierende Gedanken, Hypervigilanz und Aufmerksamkeitsstörungen angesprochen werden.

Das Erkennen dieser Vielfalt an Erfahrungen ist entscheidend, da sie die Wahrnehmung und den therapeutischen Ansatz prägt. In diesem Zusammenhang spielt die Unterstützung von Fachkräften für psychische Gesundheit eine entscheidende Rolle, indem sie individuelle Unterstützung bieten, das Verständnis der Symptome erleichtern und geeignete Managementstrategien fördern, um das allgemeine Wohlbefinden zu verbessern.

KÖRPERLICHE SYMPTOME VON ANGSTSTÖRUNGEN

Die körperlichen Symptome von Angstzuständen äußern sich in den Empfindungen, die wir in unserem Körper erleben.

Herzklopfen und beschleunigter Herzschlag

Der beschleunigte Herzschlag ist eine physiologische Reaktion, die mit Angst verbunden ist und durch die Aktivierung des sympathischen Nervensystems ausgelöst wird. Dieses System reguliert die Herzfrequenz und interagiert mit Stresshormonen wie Cortisol und Adrenalin, die in diesem Prozess eine Schlüsselrolle spielen.

In Stresssituationen schütten die Nebennieren größere Mengen Cortisol und Adrenalin in den Körper aus. Diese Hormone stimulieren Herzrezeptoren und bewirken einen Anstieg der Herzfrequenz. Diese Reaktion ist ein wesentlicher Bestandteil des „Kampf-oder-Flucht"-Mechanismus und bereitet den Körper darauf vor, sich einer wahrgenommenen Bedrohung zu stellen oder ihr zu entkommen.

Im Zusammenhang mit Angstzuständen kann der beschleunigte Herzschlag zu einer Zunahme der Angst führen. Die Wahrnehmung eines schnellen Herzschlags kann einen

Teufelskreis auslösen, der die Angst weiter verstärkt. Es ist wichtig zu verstehen, dass dieser Mechanismus eine natürliche Reaktion auf Stress darstellt, aber wenn er übermäßig oder über einen längeren Zeitraum auftritt, kann er problematisch werden.

Um diese physiologische Reaktion zu bewältigen, ist es sinnvoll, tiefe Atemtechniken anzuwenden, Muskelentspannung zu üben und das Körperbewusstsein zu entwickeln. Diese Übungen können helfen, die physiologische Reaktion zu regulieren und die Herzfrequenz zu senken, und bieten praktische Hilfsmittel für den Umgang mit Angstzuständen.

Atemnot: Gefühl von Luftmangel oder Kurzatmigkeit

Im Kontext einer Stresssituation aktiviert der Körper das sympathische Nervensystem und löst eine Reihe physiologischer Reaktionen aus, um sich auf die Herausforderung vorzubereiten. Während dieser Stressreaktionsphase schütten die Nebennieren Hormone wie Cortisol und Adrenalin aus, die das Herz stimulieren und die Atemfrequenz erhöhen. Ziel ist es, die Körperzellen mit mehr Sauerstoff zu versorgen und so die körperliche und geistige Bereitschaft zu verbessern, mit der Stresssituation umzugehen.

Wenn diese Stressreaktion jedoch intensiv oder länger andauert, kann die Atmung unregelmäßig werden. Zu schnelles Atmen kann das Gleichgewicht zwischen Sauerstoff und Kohlendioxid im Körper verändern, das Gefühl von Luftmangel hervorrufen und einen Kreislauf in Gang setzen, in dem die Wahrnehmung von Atemnot die Angst weiter verstärken kann.

Um diese Symptome wirksam in den Griff zu bekommen, ist es sinnvoll, bewusste und kontrollierte Atemtechniken anzuwenden. Langsame, tiefe Atmung unter Einbeziehung des Zwerchfells und das Ausdehnen des Bauches beim Einatmen fördern einen besseren Gasaustausch und helfen, das natürliche Gleichgewicht wiederherzustellen.

Mangel an Energie oder Müdigkeit: Gefühl der Erschöpfung auch ohne nennenswerte körperliche Anstrengung

In diesem Zustand bleibt der Körper ständig in höchster Alarmbereitschaft, was hauptsächlich auf den anhaltenden Anstieg der Stresshormone wie Cortisol und Adrenalin zurückzuführen ist.

Wenn man über einen längeren Zeitraum in einem Zustand ständiger Angst lebt, bleibt das sympathische Nervensystem dauerhaft aktiviert, was den Körper in einem Zustand der Übererregung hält. Dieser kontinuierliche Alarmzustand kann zu einem konstanten Energiebedarf führen, was dazu führt, dass man ein Gefühl ständiger Müdigkeit und Erschöpfung verspürt.

Der Angst-Ermüdungs-Zyklus kann zu einem Teufelskreis werden: Ständige Angst erfordert eine kontinuierliche Freisetzung von Energie, was wiederum zu körperlicher und geistiger Erschöpfung führen kann. Müdigkeit kann sich negativ auf die Schlafqualität auswirken und den Kreislauf weiter verstärken, da unzureichende Ruhe die Fähigkeit, mit täglichem Stress umzugehen, weiter beeinträchtigen kann.

Das Üben von Entspannungstechniken wie Meditation oder progressiver Muskelentspannung kann dazu beitragen, die Aktivierung des Nervensystems zu reduzieren und die Stressbewältigung zu verbessern. Darüber hinaus kann die Einführung einer regelmäßigen Schlafroutine und eines gesunden Lebensstils, einschließlich einer ausgewogenen Ernährung und regelmäßiger Bewegung, die Ruhe fördern und das allgemeine Energieniveau verbessern.

Schlafmangel: Schlaflosigkeit und anhaltende Müdigkeit

Im Zusammenhang mit Angstzuständen kann das Einschlafen eine Herausforderung darstellen, da sich der Körper aufgrund hoher Hormonspiegel wie Cortisol und Adrenalin in einem ständigen Aktivierungszustand befindet.

Diese Stresshormone spielen eine Schlüsselrolle dabei, den Körper in einem Zustand der Alarmbereitschaft zu halten, was es schwierig macht, sich zu entspannen und in den Tiefschlaf zu gelangen. Eine anhaltende Aktivierung des sympathischen Nervensystems kann ein Gefühl der Übererregung hervorrufen und den Übergang vom Wachzustand zum ruhigen Schlafzustand behindern.

Angst wird häufig von aufdringlichen Gedanken und Sorgen begleitet, die die ganze Nacht über anhalten und einen negativen Kreislauf in Gang setzen. Diese Gedanken können sich auf alltägliche Sorgen beziehen oder in direktem Zusammenhang mit tagsüber erlebten Angstquellen stehen. Der Angst-Schlaf-Angst-Zyklus kann sich selbst aufrechterhalten, da Schlafmangel den Angstzustand weiter verstärken kann.

Die Schaffung einer regelmäßigen Schlafroutine mit festgelegten Zeiten für Ruhe- und Entspannungsübungen vor dem Schlafengehen kann eine schlaffördernde Umgebung unterstützen. Ebenso wichtig sind die Begrenzung stressiger Reize vor dem Schlafengehen und die Schaffung einer angenehmen Schlafumgebung.

Muskelschmerzen und -verspannungen: Verspannungen der Muskeln, insbesondere im Schulter-, Nacken- und Rückenbereich

Diese körperliche Reaktion äußert sich häufig in Muskelverspannungen bei Angst- oder Stressepisoden, wenn das sympathische Nervensystem aktiviert wird. Verspannungen der Muskeln können als automatische Reaktion des Körpers auf wahrgenommene Bedrohungen auftreten. Wenn die Angst jedoch chronisch oder übermäßig wird, können die Verspannungen bestehen bleiben, was zu körperlichen Beschwerden führt und die Angst selbst weiter verstärken kann.

Die Muskeln der Schultern, des Nackens und des Rückens sind aufgrund emotionaler Belastung besonders anfällig für Verspannungen. Diese Symptome können von einem allgemeinen Steifheitsgefühl bis hin zu schmerzhaften Stichen reichen.

Progressive Muskelentspannung, bei der einzelne Muskelgruppen bewusst entspannt werden, kann dabei helfen, Verspannungen abzubauen. Physiotherapie oder Massage können hilfreiche Optionen zur Linderung von angstbedingten Muskelschmerzen sein. Regelmäßige Bewegung wie Yoga oder Spazierengehen kann die Muskelentspannung fördern und allgemeine Verspannungen reduzieren.

Übermäßiges Schwitzen: Vermehrtes Schwitzen, insbesondere in den Händen oder auf der Stirn

Dieses Phänomen hängt oft mit der „Kampf-oder-Flucht"-Reaktion des Nervensystems zusammen, die in Situationen aktiviert wird, die als bedrohlich oder stressig empfunden werden. Übermäßiges Schwitzen kann unangenehm und peinlich sein und zu klammen Händen, einem rutschigen Gefühl oder sogar sichtbaren Schweißflecken auf der Stirn führen. Dieses Symptom resultiert aus der Stimulation der Schweißdrüsen durch das sympathische Nervensystem, das in Zeiten von Angst oder Anspannung aktiviert wird.

Es ist bemerkenswert, dass übermäßiges Schwitzen einen Teufelskreis auslösen kann: Angst kann zu Schwitzen führen, und die Wahrnehmung des Schwitzens kann die Angst verstärken. Dieser Zyklus kann bestehen bleiben und zur Aufrechterhaltung der Angststörung beitragen.

Stressbewältigungstechniken wie tiefes Atmen, Achtsamkeit oder progressive Muskelentspannung können helfen, Ängste und damit übermäßiges Schwitzen zu reduzieren.

Darüber hinaus kann regelmäßige Bewegung hilfreich sein, um das emotionale Gleichgewicht aufrechtzuerhalten.

Zittern und Zittern: Unwillkürliche Bewegungen der Hände oder anderer Körperteile

Diese Phänomene äußern sich durch unwillkürliche Bewegungen der Hände oder anderer Körperteile mit unterschiedlicher Intensität und Dauer. Menschen, die unter Angstzuständen leiden, können ein leichtes bis hin zu stärker ausgeprägtem Zittern verspüren, das oft von einem Gefühl der Muskelschwäche begleitet wird.

Dieses Zittern kann durch die Aktivierung des sympathischen Nervensystems verursacht werden, das an der „Kampf-oder-Flucht"-Reaktion beteiligt ist. Wenn die Angst groß ist, kann der Körper darauf reagieren, indem er Muskelverspannungen und -kontraktionen erzeugt, die sich in Zittern äußern.

Es ist wichtig zu beachten, dass sich angstbedingtes Zittern von jenem unterscheidet, das mit neurologischen Erkrankungen auftritt. Im Zusammenhang mit Angstzuständen ist Zittern oft vorübergehender Natur und mit stressigen oder ängstlichen Situationen verbunden, die sich am deutlichsten in Zeiten erhöhter emotionaler Belastung bemerkbar machen.

Um den Zusammenhang zwischen dem emotionalen Zustand und den körperlichen Manifestationen zu verstehen, ist es wichtig, sich dieser Symptome bewusst zu sein. Der Umgang mit Angstzuständen durch Entspannungs- und Achtsamkeitstechniken kann dazu beitragen, das Auftreten dieser Zitterbewegungen zu reduzieren.

Mundtrockenheit: Gefühl von Mundtrockenheit oder starkem Durst

Mundtrockenheit ist ein körperliches Symptom, das häufig mit Angststörungen einhergeht. Es äußert sich durch das

Gefühl von Mundtrockenheit oder starkem Durst, auch wenn im Körper kein echter Flüssigkeitsmangel vorliegt. Dieses Symptom kann zu allgemeinem Unbehagen führen und ist auf verschiedene mit Angst verbundene Mechanismen zurückzuführen.

Während Angstzuständen kann das sympathische Nervensystem aktiviert werden, was zu verschiedenen physiologischen Reaktionen führt, einschließlich einer verminderten Speichelproduktion. Diese Verringerung kann zu einem Trockenheitsgefühl führen und die Schluck- und Geschmackswahrnehmung negativ beeinflussen.

Darüber hinaus kann Angst das Trinkverhalten beeinflussen. Manche Menschen trinken als Reaktion auf Angstzustände möglicherweise weniger Wasser als nötig, was zu Mundtrockenheit führt. Dieser Zyklus kann das Unbehagen verstärken und sollte bei der Bewältigung von Angstzuständen berücksichtigt werden.

Mundtrockenheit kann mit einigen Strategien verringert werden. Es ist wichtig, ausreichend Flüssigkeit zu sich zu nehmen und den ganzen Tag über gut hydriert zu bleiben. Darüber hinaus kann das Üben von Stressbewältigungstechniken wie Meditation, tiefem Atmen oder Muskelentspannung dazu beitragen, Angstzustände und damit Mundtrockenheit zu reduzieren.

Kopfschmerzen

Kopfschmerzen, die oft mit Muskelverspannungen verbunden sind, können von einem Druck- oder Schweregefühl bis hin zu stärker pochenden oder stechenden Schmerzen reichen.

Angstzustände verursachen oft Muskelverspannungen, die sich auf die Nacken-, Schulter- und Kopfmuskulatur auswirken können und zur Entstehung von Kopfschmerzen beitragen. Eine längere Kontraktion dieser Muskeln kann schmerzhafte

Empfindungen hervorrufen, die vom Nacken bis zum vorderen oder Schläfenteil des Kopfes ausstrahlen.

Die Behandlung angstbedingter Kopfschmerzen kann mehrere Strategien umfassen. Progressive Muskelentspannung, regelmäßige Bewegung und Stressbewältigungstechniken wie tiefes Atmen und Meditation können dazu beitragen, Muskelverspannungen zu reduzieren und Kopfschmerzen zu lindern.

Eine gute Haltung und Ergonomie spielen eine wichtige Rolle bei der Vorbeugung von Muskelverspannungen. Eine gute Körperhaltung, insbesondere bei langen Arbeits- oder Lernsitzungen, kann dazu beitragen, das Auftreten von Muskelverspannungen zu verhindern, die zu Kopfschmerzen führen.

Übermäßiger Konsum von Koffein und anderen Stimulanzien kann die Häufigkeit und Intensität von angstbedingten Kopfschmerzen verstärken. Eine ausgewogene Ernährung, ausreichend Flüssigkeitszufuhr und regelmäßige Ruhephasen können dazu beitragen, das allgemeine Wohlbefinden zu fördern und die Anfälligkeit für Kopfschmerzen zu verringern.

Magenprobleme

Magenprobleme wie Übelkeit, Bauchkrämpfe, Durchfall oder Verstopfung können sich in Symptomen äußern, die den Betroffenen erhebliche Beschwerden bereiten.

Angst kann sich direkt auf das Verdauungssystem auswirken, indem sie das enterische Nervensystem stimuliert, das oft als „zweites Gehirn" des Körpers bezeichnet wird und für die Darmfunktion verantwortlich ist. Diese Geist-Körper-Verbindung kann zu Veränderungen der Darmmotilität, der Magensaftsekretion und der Schmerzwahrnehmung führen und so zu Magen-Darm-Störungen beitragen.

Übelkeit ist das Gefühl von Unwohlsein im Magen, das oft mit einer Neigung zum Erbrechen einhergeht und durch

Angstzustände ausgelöst werden kann. Bauchkrämpfe können sich als dumpfe oder stechende Schmerzen im Bauchbereich äußern, die durch Muskelkontraktionen und beeinträchtigte Verdauungsfunktionen verursacht werden. Durchfall und Verstopfung können die Folge von angstbedingten Veränderungen der Darmmotilität sein.

Die Behandlung angstbedingter Magen-Darm-Beschwerden kann verschiedene Ansätze beinhalten. Stressregulierung durch Entspannungstechniken, Achtsamkeit und kognitive Verhaltenstherapie können dazu beitragen, die Auswirkungen von Angstzuständen auf das Verdauungssystem zu reduzieren. Auch eine ausgewogene, ballaststoffreiche und reizarme Ernährung kann zur Stabilisierung der Darmfunktion beitragen.

Eine ausreichende Flüssigkeitszufuhr ist entscheidend, um einer Dehydrierung vorzubeugen, insbesondere bei Durchfall. Wenn die Magen-Darm-Beschwerden anhalten oder schwerwiegender werden, ist es ratsam, einen Gastroenterologen zur genaueren Abklärung und gezielten Behandlung aufzusuchen.

Schwindel und Benommenheit: Schwindelgefühle oder Instabilität

Bei Angstzuständen treten häufig Symptome auf, die das allgemeine Unbehagen und die Sorge um die Gesundheit verstärken können. Das Gefühl der Benommenheit kann sich als Instabilität oder Schwächegefühl im Kopf äußern, während Schwindel ein Gefühl der Bewegung oder Rotation der Umgebung mit sich bringt – ein echter „Schwindel“.

Es ist wichtig zu verstehen, dass diese Symptome durch die Reaktion des sympathischen Nervensystems ausgelöst werden können, welche den Blutdruck und die Durchblutung beeinflusst. Angst kann dabei durch verschiedene Mechanismen eine wesentliche Rolle beim Auftreten von Schwindel und Ohnmachtsgefühlen spielen. Beispielsweise kommt es bei

Angstanfällen häufig zu Hyperventilation, die den Sauerstoff- und Kohlendioxidgehalt im Blut verändert und dadurch die Durchblutung beeinträchtigen kann, was zu Schwindel führt.

Es ist beruhigend zu wissen, dass es Ansätze gibt, die diese Symptome lindern können. Die Anwendung kontrollierter Atemtechniken kann helfen, Hyperventilation vorzubeugen, indem sie den Sauerstoffgehalt im Blut stabilisiert. Regelmäßige Bewegung kann, sofern sie Ihrem Gesundheitszustand entspricht, eine positive Rolle bei der Verbesserung der Durchblutung und der Verringerung von Benommenheit spielen.

Taubheitsgefühl oder Kribbeln: Kribbeln in den Händen oder Füßen

Diese Symptome entstehen häufig durch die Reaktion des Nervensystems auf Stress oder Angst. In Momenten der Angst kann das sympathische Nervensystem aktiviert werden, was zu Veränderungen der Blutzirkulation und dem spezifischen Gefühl der Parästhesie führt, das Kribbeln, Stechen oder Taubheitsgefühl verursachen kann. Diese physiologische Reaktion kann eine vorübergehende Kompression der Nerven oder Veränderungen in der Übertragung von Nervenimpulsen beinhalten.

Das Taubheits- oder Kribbelgefühl kann an verschiedenen Stellen des Körpers auftreten, wie zum Beispiel an Händen, Füßen oder anderen Bereichen. Es kann vorübergehend oder dauerhaft sein und führt häufig zu einer Zunahme der Angst, da Betroffene es als Zeichen eines ernsthaften körperlichen Problems interpretieren könnten.

Um diese Symptome in den Griff zu bekommen, gibt es verschiedene Ansätze. Die Reduzierung von Angstzuständen durch Entspannungstechniken wie Meditation oder progressive Muskelentspannung kann helfen, Verspannungen zu lösen, die mit Taubheitsgefühlen oder Kribbeln einhergehen. Darüber hinaus kann regelmäßige Bewegung die Durchblutung fördern und so zum allgemeinen Wohlbefinden beitragen.

Es ist besonders wichtig, eine medizinische Untersuchung durchzuführen, um andere mögliche körperliche Ursachen für Taubheitsgefühl oder Kribbeln auszuschließen. Obwohl diese Symptome häufig mit Angstzuständen in Verbindung stehen, sollte ein Arzt konsultiert werden, um zugrunde liegende Probleme auszuschließen und eine angemessene Behandlung sicherzustellen.

Hyperaktivität: Unruhige Beine oder die Unfähigkeit, still zu sitzen

Dieser Zustand ist durch ein Gefühl der Unruhe oder Ungeduld gekennzeichnet, das zu einem ständigen Drang führt, sich zu bewegen oder die Position zu ändern. Das Restless-Legs-Syndrom ist ein konkretes Beispiel für Hyperaktivität, das durch ein unangenehmes, unaufhörliches Gefühl in den Beinen gekennzeichnet ist, das den unkontrollierbaren Wunsch hervorruft, diese zu bewegen. Dieses Gefühl wird oft als Stechen, Kribbeln oder Brennen beschrieben und kann in Ruhe- oder Inaktivitätsphasen, wie zum Beispiel nachts, stärker bemerkbar werden.

Die Unfähigkeit, still zu sitzen, ist ein Symptom, das den gesamten Körper betreffen kann und nicht nur auf die Beine beschränkt ist. Wer unter Angstzuständen leidet, verspürt möglicherweise ständige Unruhe, einen unkontrollierbaren Bewegungsdrang oder Schwierigkeiten, eine statische Position beizubehalten.

Diese Symptome können auf Muskelverspannungen und eine Überaktivierung des sympathischen Nervensystems zurückzuführen sein, das an der Stressreaktion beteiligt ist. Angst kann zu einer starken Aktivierung des Nervensystems beitragen und somit die motorische Kontrolle und das Unruhegefühl beeinträchtigen.

Progressive Muskelentspannung oder Meditation können helfen, Muskelverspannungen und Unruhe zu reduzieren. Auch ein gesunder Lebensstil, der eine ausgewogene Ernährung, regelmäßige Bewegung und ausreichende Ruhezeiten umfasst, kann zur Aufrechterhaltung des allgemeinen Wohlbefindens beitragen.

Schüttelfrost oder Hitzewallungen: Plötzliche Kälte- oder Hitzegefühle

Diese Symptome äußern sich in plötzlichen, extremen Temperaturwechseln im Körper, wie beispielsweise plötzliches Frösteln oder Schwitzen, und können durch die Auswirkungen der Angst oder Stressreaktionen verstärkt werden. Diese Reaktionen sind oft Teil der körpereigenen Mechanismen zur Bewältigung von Angst und Stress.

Die Unfähigkeit, ruhig zu bleiben, kann sich auf den gesamten Körper auswirken, nicht nur auf die Beine. Für Menschen mit Angststörungen können diese Symptome wie ständige Unruhe, unkontrollierbarer Bewegungsdrang oder die Schwierigkeit, eine statische Position beizubehalten, zu vertrauten Erscheinungen werden.

Diese Symptome können auf Muskelverspannungen und eine übermäßige Aktivierung des sympathischen Nervensystems zurückzuführen sein, das an der „Kampf-Flucht-Reaktion" beteiligt ist. Angst kann zu einer starken Aktivierung des Nervensystems führen, die die motorische Kontrolle beeinträchtigt und Unruhegefühle verstärken kann.

Die Anwendung von Techniken wie progressiver Muskelentspannung oder Meditation kann ein Schritt zur Reduzierung von Muskelverspannungen und Unruhe sein. Auch ein gesunder Lebensstil, zu dem eine ausgewogene Ernährung, regelmäßige körperliche Aktivität und ausreichend Ruhezeiten gehören, kann zur Erhaltung des allgemeinen Wohlbefindens beitragen.

Brustschmerzen: Engegefühl oder Schmerzen in der Brust, häufig mit Herzproblemen verwechselt

Dieses Symptom kann Anlass zu großer Sorge geben, da es oft fälschlicherweise mit Herzproblemen in Verbindung gebracht wird. Das Engegefühl in der Brust kann als zugrunde liegender Druck oder Schweregefühl beschrieben werden, der in verschiedene Richtungen ausstrahlen kann und die Arme, Schultern oder den Nacken betrifft. Diese Art von Beschwerden kann leicht mit Brustschmerzen herzbedingten Ursprungs verwechselt werden, und die Angst vor einem Herzproblem kann die Angst noch verstärken.

Angstbedingte Brustschmerzen sind häufig die Folge von Muskelverspannungen im Brustbereich, die durch die Aktivierung des sympathischen Nervensystems während Angstepisoden ausgelöst werden. Diese Reaktion kann dazu führen, dass sich die Brustmuskeln anspannen, was zu einem Schmerz- oder Spannungsgefühl führt.

Es ist wichtig hervorzuheben, dass Brustschmerzen zwar ein häufiges Symptom bei Angststörungen sind, es jedoch wichtig ist, andere mögliche körperliche Ursachen, wie z. B. Herzprobleme, durch eine entsprechende medizinische Untersuchung auszuschließen. Es ist wichtig, einen Arzt aufzusuchen, um die Art der Schmerzen zu verstehen und sicherzustellen, dass sie nicht mit schwerwiegenderen Erkrankungen zusammenhängen.

Zusammenfassend lässt sich sagen, dass körperliche Ausdrucksformen im Zusammenhang mit Angststörungen von Person zu Person sehr unterschiedlich sind und von mehreren Faktoren beeinflusst werden, darunter der Schwere der Angst, der Häufigkeit von Episoden und individuellen Merkmalen. Es ist von entscheidender Bedeutung zu verstehen, dass Angst nicht nur auf den mentalen Bereich beschränkt ist, sondern sich auch im Körper manifestieren kann.

Alle diese Symptome entstehen durch physiologische

Veränderungen, die im Körper als Reaktion auf einen Kampf- oder Fluchtzustand auftreten. Unser Körper unterscheidet jedoch nicht zwischen der Umwelt und einer eingebildeten oder erwarteten Bedrohung in der Zukunft, also zwischen Angst und Unruhe. Das Erkennen dieser Anzeichen ist der erste Schritt zu einem tieferen Verständnis und einer wirksamen Bewältigung der Angst.

Es ist wichtig, einen Arzt aufzusuchen, nicht nur um mögliche zugrunde liegende medizinische Ursachen auszuschließen, sondern auch, um einen individuellen Behandlungsplan zu entwickeln, der auf das allgemeine Wohlbefinden des Einzelnen abzielt. Es ist ein Weg, der mit Einfühlungsvermögen und Sorgfalt gegangen werden muss, da jeder Einzelne in seiner Erfahrung und Art, mit Ängsten umzugehen, einzigartig ist.

VERHALTENSSYMPTOME BEI ANGSTSTÖRUNGEN

Diese Verhaltenssymptome hängen mit Handlungen zusammen, die eine Person während einer Angstepisode ergreift oder vermeidet.

Vermeidungsverhalten

Der Einsatz von Vermeidungstaktiken stellt eine häufige Reaktion auf Angstzustände dar und kann unterschiedliche Formen annehmen, die erhebliche Auswirkungen auf das tägliche Leben der Betroffenen haben. Wenn eine Person in bestimmten Situationen Angst verspürt, versucht sie wahrscheinlich aktiv, diese zu vermeiden, in der Hoffnung, das damit verbundene emotionale Belastung zu verringern.

Beispielsweise kann sich jemand, der bei gesellschaftlichen Zusammenkünften Angst verspürt, bewusst dafür entscheiden, den Besuch von Veranstaltungen zu meiden, bei denen er mit anderen interagieren muss. Diese Haltung kann bis zur Weigerung reichen, überfüllte Orte oder soziale Situationen aufzusuchen, die Angst erzeugen könnten. Der Einzelne kann auch Aktivitäten einschränken, die soziale Interaktionen beinhalten, und bevorzugt kontrolliertere oder isolierte Kontexte.

In Situationen, in denen eine bestimmte Angst besteht, wie beispielsweise in einem Aufzug, kann die Person die Benutzung des Aufzugs aktiv vermeiden und stattdessen die Treppe wählen. Dieses Vermeidungsverhalten stellt eine Bewältigungsstrategie dar, die darauf abzielt, das wahrgenommene Risiko zu minimieren und die Intensität der Angst zu verringern.

Es ist jedoch wichtig zu beachten, dass Vermeidungsverhalten langfristig negative Folgen haben kann. Während es die Ängste vorübergehend lindern kann, kann es auch die Möglichkeiten für persönliches Wachstum und die Teilnahme an bedeutungsvollen Erfahrungen einschränken. Darüber hinaus kann Vermeidung dazu beitragen, die Wahrnehmung der mit bestimmten Situationen verbundenen Gefahr zu verstärken und so dazu beitragen, die Angst über einen längeren Zeitraum aufrechtzuerhalten.

Fluchtverhalten

Die Entscheidung, zu fliehen, stellt ein weiteres weit verbreitetes Verhalten als Reaktion auf Angstzustände dar, das durch den Wunsch gekennzeichnet ist, sich schnell aus einer Situation zu lösen, die emotionalen Stress verursacht. Wenn man mit einer Angstsituation konfrontiert wird, kann der instinktive Wunsch zu fliehen unwiderstehlich werden und den Einzelnen dazu drängen, sofort Zuflucht an Orten oder unter Bedingungen zu suchen, die als sicher gelten.

Ein Beispiel kann sein, wenn eine Person große Angst vor überfüllten Orten hat und deshalb versucht, von einem Platz oder einem ähnlichen Ort zu fliehen, an dem sich eine große Menschenmenge befindet. Dieser Fluchtakt basiert auf der Notwendigkeit, das Gefühl der wahrgenommenen Gefahr und das mit der Angst verbundene Unbehagen zu reduzieren.

Es ist jedoch wichtig zu verstehen, dass Fluchtverhalten als Bewältigungsstrategie langfristige Folgen haben kann.

Während es vorübergehend zu sofortiger Linderung führen kann, kann es auch dazu beitragen, die mit bestimmten Situationen verbundenen Ängste zu verstärken und einen Kreislauf der Vermeidung zu schaffen, der Erfahrungen und Möglichkeiten für persönliches Wachstum einschränkt.

Teilnahme an ungesunden Verhaltensweisen

Ungesunde Verhaltensweisen stellen für manche Menschen eine weitere Möglichkeit dar, mit Ängsten umzugehen. Insbesondere diejenigen, die unter erheblichen Angstzuständen leiden, können auf riskante oder selbstzerstörerische Verhaltensweisen zurückgreifen, um vorübergehend Erleichterung zu finden oder dem emotionalen Stress für einen Moment zu entkommen.

Unter diesen Strategien erweisen sich übermäßiger Alkoholkonsum und Drogenmissbrauch als zwei der häufigsten Ursachen. Alkohol und psychoaktive Substanzen können Angstsymptome vorübergehend lindern, indem sie ein Gefühl der Entspannung oder Ablenkung erzeugen. Es ist jedoch wichtig zu beachten, dass solche Verhaltensweisen kurzfristige Lösungen darstellen und im Laufe der Zeit schwerwiegende Folgen für die körperliche und geistige Gesundheit haben können.

Der Einsatz von Substanzen als Mittel zur Angstbewältigung kann einen gefährlichen Kreislauf auslösen, in dem der Einzelne eine Abhängigkeit von der Substanz entwickelt, um die tägliche Angst zu bewältigen. Dies kann zu einer Verschlechterung der geistigen und körperlichen Gesundheit sowie zu Problemen in Beziehungen und am Arbeitsplatz führen.

Reduzierung der täglichen Aktivitäten

Die Entscheidung, seinen Alltag einzuschränken, stellt sich

als ein weiteres häufig gewähltes Bewältigungsverhalten heraus, das manche Menschen anwenden, um mit Ängsten umzugehen. Dies wird deutlich, wenn Einzelpersonen das Bedürfnis verspüren, ihre Teilnahme an alltäglichen Aktivitäten zu reduzieren und Umgebungen oder Situationen zu vermeiden, die Angst auslösen könnten. Auf diese Weise versuchen sie, einen Raum des Komforts und der Sicherheit zu schaffen, indem sie bekannte und vertraute Kontexte bevorzugen.

Ein Beispiel hierfür wäre, wenn jemand in sozialen Situationen oder an überfüllten Orten Angst verspürt. In solchen Fällen entscheidet sich die Person möglicherweise dafür, soziale Interaktionen einzuschränken und öffentliche Orte wie Einkaufszentren oder gesellschaftliche Veranstaltungen zu meiden. Es ist jedoch wichtig zu erkennen, dass diese Entscheidung langfristig erhebliche Nachteile haben kann. Die Einschränkung der täglichen Aktivitäten kann sich negativ auf die Lebensqualität und die soziale Teilhabe auswirken und die Möglichkeiten für persönliches und berufliches Wachstum einschränken. Darüber hinaus kann es die Angst, die mit bestimmten Situationen verbunden ist, aufrechterhalten und verstärken, wodurch ein Vermeidungszyklus in Gang gesetzt wird, der schwer zu durchbrechen ist.

Bindung an eine Person oder ein Sicherheitsobjekt

Bindung an eine Person oder ein Sicherheitsobjekt kann ein Verhalten sein, das auftritt, wenn Angst eine starke Wirkung auf jemanden hat. In dieser Situation kann sich eine psychische Abhängigkeit von einer bestimmten Person oder einem Gegenstand entwickeln, der als Quelle von Trost und Sicherheit empfunden wird. Diese Bindung kann so stark werden, dass das Individuum ständig die Anwesenheit dieser Person oder dieses Objekts sucht und sich nur schwer von ihnen trennen kann.

Wenn beispielsweise eine Person mit Angstzuständen eine vertrauenswürdige Person oder einen Gegenstand als Quelle der Ruhe identifiziert, vermeidet sie es möglicherweise, ihr Zuhause zu verlassen oder Orte wie die Schule zu besuchen. Sie versucht, in engem Kontakt mit der Person oder dem Sicherheitsgegenstand zu bleiben. Dieses Bindungsverhalten kann die täglichen Routinen erheblich stören und Schwierigkeiten bei der Bewältigung alltäglicher Aktivitäten verursachen.

Das Hauptproblem bei diesem Verhalten ist, dass es, wenn es nicht adressiert wird, die Angststörung im Laufe der Zeit verstärken kann. Die Abhängigkeit von einer Sicherheitsfigur schränkt die Möglichkeit ein, Autonomie zu entwickeln und sich den gefürchteten Situationen zu stellen. Darüber hinaus kann es schwierig sein, mit der Angst umzugehen, wenn die Person oder der Gegenstand, der Sicherheit bietet, nicht verfügbar ist.

Zusammenfassend lässt sich sagen, dass das Verhalten von Menschen mit Angststörungen die Strategien widerspiegelt, die sie zur Bewältigung der mit Angst verbundenen emotionalen und psychologischen Herausforderungen einsetzen. Die ergriffenen oder vermiedenen Maßnahmen resultieren häufig aus dem Drang, Unbehagen zu lindern und die Wahrnehmung einer Bedrohung zu verringern. Es ist wichtig zu verstehen, dass diese Verhaltensweisen zwar vorübergehend Linderung verschaffen, aber langfristig die Möglichkeiten zur persönlichen Weiterentwicklung einschränken und ein erfülltes Alltagsleben beeinträchtigen können. Der Umgang mit Angststörungen erfordert einen ganzheitlichen Ansatz, der das Bewusstsein für die gezeigten Verhaltensweisen, das Verständnis der Wurzeln der Angst und die Entwicklung adaptiver Bewältigungsstrategien umfasst.

EMOTIONALE SYMPTOME VON MENSCHEN, DIE UNTER ANGSTZUSTÄNDEN LEIDEN

Angst ist eine natürliche Emotion, die sich durch unterschiedliche Gefühle zeigt und in verschiedenen emotionalen Symptomen zum Ausdruck kommt.

Befürchtung

Besorgnis ist ein zentraler Bestandteil der emotionalen Herausforderungen, die mit Angst verbunden sind. Sie äußert sich in einem anhaltenden Gefühl der Sorge und Erwartung, dass etwas Negatives oder Unangenehmes bevorstehen könnte.

Menschen, die mit Ängsten leben, erleben oft eine chronische Anspannung, die sich durch ständige Sorgen über zukünftige Situationen zeigt – selbst wenn die genaue Ursache dieser Sorgen nicht immer klar oder greifbar ist. Diese permanente Erwartung unerwünschter Ereignisse kann das Wohlbefinden erheblich beeinträchtigen, zu Unruhe, Gereiztheit und Konzentrationsschwierigkeiten im Alltag führen.

Oft geht diese Besorgnis mit einer übermäßigen Wachsamkeit einher, bei der Betroffene ständig nach Anzeichen von Gefahren oder Problemen Ausschau halten. Dies kann zu einer übertriebenen Denkweise führen, bei der man die Wahrscheinlichkeit negativer Ereignisse überschätzt und gleichzeitig die eigene Fähigkeit, damit umzugehen, unterschätzt.

Pein

Stress ist eine belastende emotionale Erfahrung, die eng mit Angst verbunden ist. Er zeigt sich oft als anhaltendes Gefühl von emotionalem Schmerz und Leiden.

Menschen mit Angst erleben häufig ein überwältigendes Gefühl von Traurigkeit und Verzweiflung. Dieser Zustand kann von einem Gefühl der Unterdrückung begleitet werden, das mit aufdringlichen und negativen Gedanken einhergeht und zu einer schwer erträglichen emotionalen Belastung führt.

Stress kann die Fähigkeit beeinträchtigen, Freude im Alltag zu empfinden, das emotionale Wohlbefinden mindern und zwischenmenschliche Beziehungen belasten. Darüber hinaus geht er oft mit körperlichen Symptomen wie Schlafstörungen, Verdauungsproblemen oder Muskelverspannungen einher und wirkt sich negativ auf die allgemeine körperliche und geistige Gesundheit aus.

Terror

Terror wird im Zusammenhang mit Angst als eine intensive emotionale Erfahrung beschrieben, die mit einem tiefen Gefühl der Furcht vor etwas Bedrohlichem oder Gefährlichem einhergeht.

Menschen, die Terror empfinden, erleben eine extreme Form der Angst, die sich oft in einem Gefühl der Hilflosigkeit ausdrückt. Diese Reaktion wird häufig von starken physiologischen Symptomen begleitet, wie erhöhter Herzfrequenz, Schwitzen oder einem allgemeinen Unwohlsein.

Terror kann sich auf viele Lebensbereiche auswirken – von

spezifischen Ängsten, wie Phobien, bis hin zu umfassenderen Sorgen über zukünftige Ereignisse. Diese Erfahrung kann die Lebensqualität erheblich beeinträchtigen und die Fähigkeit, mit alltäglichen Situationen umzugehen, einschränken.

Nervosität

Nervosität ist ein Zustand innerer Unruhe, der die geistige Gelassenheit einer Person beeinträchtigen kann. Sie zeigt sich oft in einem Gefühl von Anspannung und Reizbarkeit, das es schwer macht, einen Zustand mentaler Ruhe zu erreichen.

Betroffene haben oft Schwierigkeiten, sich zu entspannen oder zu konzentrieren, da sie ein Gefühl emotionaler Instabilität verspüren. Diese Nervosität kann durch Stresssituationen, übermäßige Sorgen oder die Wahrnehmung einer drohenden Gefahr ausgelöst werden. In einigen Fällen wird sie chronisch und beeinträchtigt die Lebensqualität sowie die Fähigkeit, Herausforderungen gelassen zu begegnen.

Nervosität äußert sich häufig auch durch körperliche Symptome wie Zittern, Schwitzen oder Muskelverspannungen und verstärkt damit den Kreislauf aus emotionalem Stress und physischen Beschwerden.

Ich fühle mich überfordert

Das Gefühl der Überforderung ist ein Zustand, in dem eine Person das Gefühl hat, die Kontrolle über ihre Aufgaben und Ziele zu verlieren. Diese Erfahrung ist geprägt von einer überwältigenden Belastung durch die Anforderungen des Alltags, die die eigene Fähigkeit, effektiv damit umzugehen, übersteigen.

Diejenigen, die dieses Gefühl der Überforderung erleben, können sich hilflos und frustriert fühlen und den Eindruck haben, dass die Anforderungen des Lebens zu anspruchsvoll oder überwältigend sind, um sie zu bewältigen. Dieser emotionale Zustand kann in verschiedenen persönlichen und beruflichen Situationen auftreten und wird durch Faktoren wie chronischen Stress, hohe Arbeitsbelastung oder Beziehungsprobleme verstärkt.

Das Gefühl der Überforderung kann Ihre geistige und körperliche Gesundheit beeinträchtigen und zu Symptomen wie chronischer Müdigkeit, Konzentrationsproblemen und Schlafstörungen führen.

Panik

Panik ist eine intensive emotionale Reaktion, bei der eine Person von einer so überwältigenden Angst erfasst wird, dass Vernunft und logisches Denken erschwert werden. Diese Erfahrung ist durch ein rasches und überwältigendes Auftreten von Angst gekennzeichnet, oft begleitet von einer Vielzahl körperlicher und kognitiver Symptome, die zu einem Gefühl des Kontrollverlusts beitragen.

Panik äußert sich häufig in einem plötzlichen Anstieg der Herzfrequenz, Atembeschwerden, Schwitzen und einem Engegefühl in der Brust. Diese körperlichen Symptome können die Angst weiter verstärken und das Gefühl einer drohenden Gefahr hervorrufen, auch wenn keine offensichtliche Bedrohung besteht.

Kognitiv kann Panik katastrophale und irrationale Gedanken auslösen, die die Wahrnehmung von Gefahr verstärken und es schwierig machen, eine rationale Perspektive aufrechtzuerhalten. Dieser Zustand kann so umfassend sein, dass er eine anhaltende Angst vor weiteren Panikattacken erzeugt und so einen Teufelskreis der Angst in Gang setzt.

Unwohlsein

Unwohlsein ist ein emotionaler Zustand, in dem eine Person ein Gefühl von Unbehagen oder Unsicherheit in Bezug auf eine Person oder eine bestimmte Situation erlebt. Dieser Zustand kann sich in verschiedenen Formen äußern, von Anspannung und Verlegenheit bis hin zu einem allgemeinen Empfinden des Unpassens oder der Distanz.

Menschen, die sich unwohl fühlen, erleben möglicherweise Situationen, die nicht mit ihren Erwartungen, Werten oder ihrem emotionalen Wohlbefinden übereinstimmen. Dieses Gefühl kann durch komplexe Beziehungsdynamiken, schwierige soziale Kontexte oder Umgebungen entstehen, in denen man sich unangebracht oder deplatziert fühlt.

Unwohlsein kann die zwischenmenschliche Kommunikation erschweren, die Interaktion mit anderen beeinträchtigen und die Qualität von Beziehungen negativ beeinflussen. Es tritt häufig in Situationen auf, in denen sich die Person exponiert, verletzlich oder beurteilt fühlt, und kann sich auf die psychische Gesundheit auswirken, indem es die Fähigkeit einschränkt, mit alltäglichen Herausforderungen konstruktiv umzugehen.

Furcht

Furcht ist eine starke Emotion, die auftritt, wenn eine wahrgenommene Gefahr oder Bedrohung vorliegt. Diese körperliche und emotionale Reaktion bereitet den Körper auf potenziell gefährliche Situationen vor und kann in ihrer Intensität und Dauer variieren, je nach Art der wahrgenommenen Bedrohung unterschiedliche Nuancen annehmen.

Physiologisch löst Furcht eine Reihe von Reaktionen im Körper aus, darunter eine erhöhte Herzfrequenz, schnellere Atmung, erweiterte Pupillen und die Freisetzung von Adrenalin. Diese Reaktionen sind Teil der „Kampf-oder-Flucht"-Reaktion und bereiten den Organismus darauf vor, der Bedrohung schnell und entschlossen zu begegnen.

Furcht kann sich in verschiedenen Formen zeigen, wie z. B. Angst vor bestimmten Situationen (Phobien), Angst vor

Kontrollverlust oder Angst vor drohender Gefahr. Abhängig von der Schwere und der tatsächlichen Wahrscheinlichkeit der wahrgenommenen Bedrohung kann Furcht als rational oder irrational eingestuft werden.

Sorge

Sorge ist ein Gefühl, das durch mentale und emotionale Anspannung gekennzeichnet ist und oft mit realen oder möglichen Problemen verbunden ist. Dieser Geisteszustand entsteht, wenn eine Person mit Unsicherheiten, Schwierigkeiten oder belastenden Ereignissen konfrontiert wird und sich ängstliche Gedanken darüber macht, was in der Zukunft passieren könnte.

Sorge kann in ihrer Intensität und Dauer variieren und eine Vielzahl von Themen umfassen, darunter Gesundheit, Arbeit, Beziehungen oder andere Aspekte des täglichen Lebens. Es ist ein normaler Teil des Lebens, da es helfen kann, sich auf Herausforderungen vorzubereiten oder zukünftige Situationen zu planen. Problematisch wird Sorge jedoch, wenn sie übermäßig und konstant wird und das allgemeine Wohlbefinden beeinträchtigt.

Kognitiv können Sorgen mit kreisenden Gedanken, belastenden Erwartungen und Schwierigkeiten, sich auf andere Dinge zu konzentrieren, einhergehen. Dieser Zustand kann sich auch negativ auf Schlaf, Konzentration und die allgemeine Lebensqualität auswirken.

Furcht

Angst ist eine Emotion, die durch ein ausgeprägtes Gefühl des vorausschauenden Unbehagens angesichts möglicher negativer Ereignisse oder drohender Schwierigkeiten gekennzeichnet ist. Diese Emotion kann durch verschiedene Situationen oder Kontexte ausgelöst werden, die als bedrohlich oder potenziell schädlich wahrgenommen werden.

Im Gegensatz zur Furcht, die normalerweise mit klar erkennbaren und unmittelbaren Bedrohungen verbunden ist, kann Angst subtiler sein und mit weniger greifbaren Sorgen oder Befürchtungen zusammenhängen. Sie äußert sich in einem Gefühl der Unruhe oder Nervosität im Hinblick auf einen möglichen negativen Ausgang, selbst wenn keine konkrete Bedrohung im gegenwärtigen Moment besteht.

Angst kann den Umgang einer Person mit täglichen Herausforderungen, Risiken oder wichtigen Entscheidungen erheblich beeinflussen. Dieser emotionale Zustand kann dazu führen, dass man Situationen meidet, die als unsicher oder gefährlich wahrgenommen werden. Wenn die Angst jedoch überhandnimmt oder chronisch wird, kann sie die Lebensqualität deutlich beeinträchtigen und persönliche Entwicklungsmöglichkeiten einschränken.

Ein häufiges Problem ist, dass viele Menschen – sowohl Erwachsene als auch Kinder – Schwierigkeiten haben, ihre Gefühle zu artikulieren und zu erklären. Oft hört man, dass sie nicht genau beschreiben können, was sie erleben, wenn sie gebeten werden, ihre emotionale Erfahrung auszudrücken. Diese Schwierigkeit, Emotionen zu benennen, kann auf verschiedene Faktoren zurückzuführen sein, darunter die natürliche Komplexität der Emotionen und individuelle Unterschiede in der Fähigkeit, innere Zustände zu kommunizieren.

Insbesondere die emotionale Komponente der Angst bringt erhebliche Belastungen mit sich, die von intensiven Gefühlen der Besorgnis, Sorge oder Furcht begleitet werden. Der Umgang mit Emotionen kann herausfordernd sein, und Menschen fühlen sich oft von einer Vielzahl an Gefühlen überwältigt, ohne diese klar identifizieren zu können.

Gleichzeitig können die körperlichen Aspekte der Angst, wie Herzrasen, Atemnot oder Schweißausbrüche, das tägliche Leben erheblich beeinträchtigen. Werden diese Symptome nicht richtig behandelt, können sie die Lebensqualität nachhaltig verschlechtern und Arbeit, Beziehungen sowie alltägliche Aktivitäten negativ beeinflussen.

Das Bewusstsein und die Analyse beider Aspekte der Angst – sowohl der emotionalen als auch der körperlichen – stellen einen grundlegenden Schritt auf dem Weg zum emotionalen Wohlbefinden dar.

KOGNITIVE SYMPTOME VON ANGSTPATIENTEN

Wenn wir mit Ängsten zu kämpfen haben, wird unser Geist oft von einem chaotischen Gedankenkreis beherrscht, ob wir uns dessen bewusst sind oder nicht. Auch ohne Angst gehen uns täglich Tausende von Gedanken durch den Kopf. Wenn wir uns jedoch Ängsten aussetzen, sind die Gedanken, die auftauchen, oft besorgniserregender Natur, und ihre Vielfalt hängt sowohl von der Situation, in der wir uns befinden, als auch von unserer Individualität ab.

Menschen, die mit sozialen Ängsten zu kämpfen haben, haben häufig Angst, dass ihre Angst für andere deutlich sichtbar wird, und fürchten negative Urteile. Die Sorgen dieser Menschen betreffen die Angst, als unattraktiv, dumm oder langweilig wahrgenommen zu werden, und die Angst, die Kontrolle über die Situation zu verlieren, oft verbunden mit zwanghaften Gedanken oder Handlungen. Einige von ihnen befürchten sogar, ernsthafte psychische Probleme zu entwickeln, wie zum Beispiel die irrationale Angst, pädophile Neigungen zu haben, obwohl keinerlei Beweise dafür vorliegen.

Bei einer generalisierten Angststörung hat die betroffene Person ständig die Angst, dass ihre zwanghaften Gedanken negative Auswirkungen haben könnten. In einem paradoxen Gedankenmuster kommt sie zu der Überzeugung, dass Sorgen notwendig sind, um sich auf mögliche Fehler vorzubereiten und diese zu verhindern.

Fehleinschätzung ist ein weiterer häufiger Aspekt von Angstzuständen, bei dem Menschen dazu neigen, die Wahrscheinlichkeit negativer Ereignisse zu überschätzen und gleichzeitig ihre Fähigkeit zu unterschätzen, mit solchen Situationen umzugehen, wenn sie auftreten. Zum Beispiel könnten sie ihre Fähigkeit unterschätzen, einen Konflikt mit einem Freund zu lösen.

Angst kann das Selbstvertrauen untergraben, dazu führen, dass sich jemand unzulänglich fühlt und seine Gedanken starrer oder blockiert werden. Diese beunruhigenden Gedanken können je nach Art der Angststörung oder der individuellen Vorgeschichte der betroffenen Person variieren.

PSYCHISCHE SYMPTOME VON ANGSTPATIENTEN

Angst hat nicht nur körperliche Symptome, sondern wirkt sich auch tiefgreifend auf die psychische Gesundheit aus und hinterlässt Spuren in verschiedenen Aspekten unseres Geistes und Verhaltens.

- Schwierigkeiten, sich auf eine Aufgabe zu konzentrieren oder die Aufmerksamkeit aufrechtzuerhalten.
- Gedächtnisprobleme oder Gedächtnisstörungen.
- Unwohlsein, Appetitlosigkeit, Lethargie und andere Anzeichen einer Depression.

Der pathologischen Angst liegt eine fehlerhafte kognitive Einschätzung der Situation zugrunde. Dabei geht es darum, die Bedrohungen einer bestimmten Angstsituation zu überschätzen und gleichzeitig die eigene Fähigkeit, damit umzugehen, zu unterschätzen. Mit anderen Worten: Menschen, die unter Angstzuständen leiden, neigen dazu, die Situation als bedrohlicher wahrzunehmen, als sie tatsächlich ist, und gleichzeitig ihre Ressourcen und Fähigkeiten zu unterschätzen, um ihr erfolgreich zu begegnen.

Der Preis der Angst

Angst hat eine Reihe relevanter Konsequenzen. Die Symptome können sich negativ auf das Leben eines Menschen auswirken, ihm Chancen nehmen und sein Wohlbefinden beeinträchtigen. Wenn Angstzustände bestehen bleiben, ohne dass sie angemessen erkannt und behandelt werden, können ihre Auswirkungen auf das Leben einer Person erheblich sein und einen hohen Einfluss auf die Lebensqualität und persönliche Erfüllung haben.

Verpasste Möglichkeiten durch Angst

Personen, die in sozialen Situationen mit Ängsten konfrontiert sind, können aufgrund ihrer sozialen Angst wertvolle Beziehungen und berufliche Chancen verpassen. Schwierigkeiten, sich abzuheben, können dazu führen, dass sich die Person isoliert fühlt und passiv zuschaut, wie ihr Chancen entgehen. Aus Angst resultierende Schüchternheit kann die aktive Teilnahme am gesellschaftlichen und beruflichen Leben einschränken und sich negativ auf die Möglichkeit auswirken, die sich bietenden Chancen voll auszuschöpfen.

Beziehungen, die durch Angst beeinträchtigt werden

Die Angst, sich vollständig auszudrücken, kann bei Angstpatienten zu dysfunktionalen Beziehungen führen. Soziale Ängste und Schüchternheit können dazu beitragen, dass es schwierig wird, gesunde, erfüllende Beziehungen zu anderen aufzubauen. Diese Angst, sich vollständig auszudrücken, kann sich negativ auf die Qualität von Beziehungen auswirken und zu Dynamiken führen, die nicht das emotionale Wohlbefinden und das gegenseitige Verständnis widerspiegeln.

Gesundheitsprobleme

Kieferprobleme, Bruxismus, Kopfschmerzen und Reizdarmsyndrom können bei Menschen mit Angstzuständen häufig auftreten. Wenn Angst nicht wirksam behandelt wird, kann sie sich durch eine Vielzahl körperlicher Symptome äußern und die allgemeine Gesundheit des Körpers beeinträchtigen. Diese Störungen können mit dem Ausmaß der durch Angstzustände verursachten Muskelverspannungen und Stress in Verbindung gebracht werden, was unterstreicht, wie wichtig es ist, diesen emotionalen Zustand angemessen anzugehen und zu bewältigen, um das körperliche und geistige Wohlbefinden zu erhalten.

Suchtprobleme

Um ihren emotionalen Schmerz zu lindern, greifen manche Menschen zu übermäßigem Alkoholkonsum und Drogenmissbrauch, um ihr Leiden zu übertönen. Bei dieser selbstzerstörerischen Einstellung handelt es sich um eine maladaptive Reaktion auf Angstzustände, da sie eine vorübergehende Linderung durch Substanzen anstrebt, die die Situation auf lange Sicht verschlimmern können. Es ist wichtig zu verstehen, dass übermäßiger Substanzkonsum nicht an den tiefen Wurzeln der Angst ansetzt und zu Komplikationen sowohl auf körperlicher als auch auf geistiger Ebene führen kann. Dies unterstreicht, wie wichtig es ist, gesündere Ansätze zur Stress- und Angstbewältigung zu verfolgen, anstatt nach vorübergehenden Lösungen zu suchen, die im Laufe der Zeit zu schwerwiegenderen Folgen führen können.

Krankschreibungen

Um angstauslösende Situationen zu vermeiden, gehen manche Menschen sogar so weit, sich zu weigern, zur Arbeit zu gehen, wodurch ihre Arbeitsleistung und Produktivität beeinträchtigt werden und sie in extremen Situationen Gefahr laufen, ihren Arbeitsplatz zu verlieren. Diese Vermeidungshaltung kann durch die Angst vor alltäglichen Herausforderungen genährt werden und zu erheblichen Konsequenzen im beruflichen Bereich führen. Der gesunde Umgang mit Ängsten und die Suche nach Unterstützung sind entscheidend für die Aufrechterhaltung eines positiven und nachhaltigen Arbeitsumfelds.

Suizidgedanken

Aufgrund der Peinlichkeit und des verminderten Selbstwertgefühls, die aus der Angst resultieren, kann es bei manchen Menschen dazu kommen, Gefühle des Selbsthasses zu entwickeln, was zu Suizidgedanken führen kann. Dieser dunkle und gefährliche Weg ist ein ernstzunehmender Ausdruck der verheerenden Auswirkungen von Angstzuständen auf die psychische Gesundheit. Es ist von entscheidender Bedeutung, hervorzuheben, wie wichtig es ist, sich frühzeitig Unterstützung von Fachkräften für psychische Gesundheit und Menschen in ähnlichen Situationen zu holen, um tragische Folgen zu verhindern und das emotionale Wohlbefinden zu fördern.

Zusammenfassend lässt sich sagen, dass Angst sich nicht nur durch körperliche Symptome manifestiert, sondern tief in unser psychisches Wohlbefinden eingreift und verschiedene Aspekte unseres Geistes und Verhaltens beeinflusst. Ihre Ursache liegt häufig in einer verzerrten Einschätzung von Herausforderungen, einer Überschätzung von Bedrohungen und einer gleichzeitigen Unterschätzung der eigenen Fähigkeiten. Die Auswirkungen von Angst sind erheblich und wirken sich negativ auf das Leben der Betroffenen aus. Beziehungs- und Berufschancen können aufgrund von Schüchternheit schwinden, Beziehungen können durch die Angst, sich auszudrücken, beeinträchtigt werden, und körperliche Gesundheitsprobleme können als Folge einer unzureichenden Bewältigung der Angst entstehen. Drogenmissbrauch, Fehlzeiten am Arbeitsplatz und sogar das Risiko von Selbstmordgedanken können das Ergebnis eines anhaltenden Kampfes mit Angstzuständen sein. Der angemessene Umgang mit Angst durch die Suche nach Unterstützung und die Anwendung gesunder Ansätze zur Stressbewältigung ist von entscheidender Bedeutung für die Aufrechterhaltung des emotionalen Wohlbefindens und der Lebensqualität.

KAPITEL 2: MANIFESTATIONEN UND URSACHEN VON ANGSTSTÖRUNGEN

Symptome von Angststörungen können in verschiedenen Lebensphasen auftreten, von der Kindheit über die Jugend bis hin zum Erwachsenenalter. Die häufigsten Anzeichen intensiver Angst äußern sich in Anspannung, Nervosität und innerer Unruhe. Menschen mit Angststörungen verspüren in Momenten erhöhter Anspannung angesichts einer drohenden Gefahr häufig ein ständiges Gefühl von Panik und Beklemmung.

In solchen Angstspitzen können zudem körperliche Symptome auftreten, wie etwa Schweißausbrüche, Zittern, eine erhöhte Herzfrequenz sowie Schwächegefühle oder extreme Müdigkeit. Weitere Anzeichen sind Schwierigkeiten, sich auf etwas anderes als Sorgen zu konzentrieren, Schlafprobleme, das Vermeiden auslösender Situationen und das Gefühl, die eigenen Ängste nicht kontrollieren zu können.

Der Entstehung von Angststörungen können verschiedene Ursachen zugrunde liegen. Manche Menschen entwickeln sie infolge von Erkrankungen wie Diabetes, chronischen Schmerzen, Drogen- oder Alkoholabhängigkeit, Atemwegserkrankungen wie Asthma oder chronisch obstruktiver Lungenerkrankung (COPD), Hirntumoren, die Stresshormone produzieren, Herzerkrankungen sowie Schilddrüsenproblemen wie Hyper- oder Hypothyreose. Auch bestimmte Medikamente können Angstzustände hervorrufen.

Es gibt spezifische Anzeichen, die darauf hinweisen, dass die Angst mit einer körperlichen Erkrankung zusammenhängt. Beispielsweise könnte das Fehlen von Angststörungen in der Familienanamnese darauf hindeuten, dass die Ursache körperlich bedingt ist. Weitere Indikatoren könnten das plötzliche Auftreten von Ängsten ohne erkennbare Auslöser oder die Abwesenheit von Angststörungen in der Kindheit sein.

Traumatische Lebensereignisse können ebenfalls Ängste hervorrufen, die oft in Form von Schamangst auftreten. Menschen verspüren möglicherweise Angst aufgrund finanzieller Probleme oder schwerwiegender medizinischer Diagnosen, doch häufig liegt der Kern der Angst in der Furcht vor Schamgefühlen. Diese entsteht, wenn eine Person traumatische Schamerfahrungen aus der Vergangenheit verinnerlicht, die oft bis in die Kindheit zurückreichen.

Schamangst kann gravierende Auswirkungen auf die psychische und körperliche Gesundheit haben und das Selbstwertgefühl erheblich beeinträchtigen. Es ist normal, dass Menschen eine gewisse Angst verspüren oder sich Sorgen darüber machen, wie sie von anderen wahrgenommen werden. Wenn sich diese jedoch in Schamangst verwandelt, kann dies zu einer übermäßigen Sensibilität gegenüber Kritik führen – sei sie real oder eingebildet, von anderen oder von sich selbst.

Menschen, die unter Schamangst leiden, können sowohl mentale als auch körperliche Herausforderungen erleben, soziale Phobien entwickeln oder Symptome einer Co-Abhängigkeit zeigen. Dazu zählen zwanghaftes Kontrollverhalten gegenüber anderen oder die Abhängigkeit von Substanzen.

Männer und Frauen erleben Schamangst oft auf unterschiedliche Weise. Männer empfinden sie häufig als arbeitsbezogene Angst, etwa aus Furcht vor beruflichem Scheitern oder der Angst, nicht als leistungsfähiger Mitarbeiter wahrgenommen zu werden. Frauen hingegen erleben schambedingte Ängste oft in Bezug auf ihr äußeres Erscheinungsbild oder ihre Beziehungen, da sie zu Perfektionismus neigen, um gesellschaftliche Akzeptanz zu erlangen.

Schamangst ist außerdem eng mit dem Gefühl emotionaler Verlassenheit verbunden. In Situationen, in denen Intimität verloren geht – etwa durch Scheidung, Krankheit oder den Tod eines geliebten Menschen –, können Betroffene sich selbst die Schuld geben und glauben, Fehler gemacht zu haben. Dieses negative Gedankenmuster führt zu der Annahme, von anderen aufgrund vermeintlicher Unzulänglichkeiten abgelehnt zu werden. Sogar der Verlust eines geliebten Menschen kann Gefühle emotionaler Verlassenheit auslösen, die an ähnliche Kindheitserfahrungen erinnern. In solchen Fällen können Betroffene aus Angst vor Ablehnung selbstzerstörerisches Verhalten zeigen.

Die Belastung durch emotionales Verlassenwerden in der Vergangenheit spielt eine entscheidende Rolle für die Entwicklung von Zukunftsängsten. Menschen, die in ihrer Kindheit emotionale Vernachlässigung erfahren haben, neigen dazu, starke Ängste und Sorgen zu entwickeln, ob sie diese Einsamkeit später im Leben erneut erleben könnten. Häufig sind sie sich ihres ständigen Zustands übermäßiger Wachsamkeit nicht bewusst. Schamangst wird in solchen Fällen zum häufigen Begleiter des Gefühls emotionaler Verlassenheit.

Mehrere Umweltfaktoren können als Auslöser für die Entwicklung von Angstzuständen wirken, darunter arbeitsbedingter Stress, persönliche Beziehungsdynamik, schulischer Druck und eine lange Liste täglicher Verpflichtungen. Die Angst kann sich noch verstärken, wenn sich eine Person in einem hoch gelegenen Gebiet aufhält, wo der Sauerstoffgehalt verringert ist. Neben Umweltfaktoren spielen auch genetische Ursachen eine Rolle, da das Vorhandensein einer Angststörung bei einem Familienmitglied die Wahrscheinlichkeit erhöht, dass auch andere Familienmitglieder eine ähnliche

Störung entwickeln. Diese Kombination aus Umwelt- und genetischen Faktoren kann zudem zu Veränderungen in der Gehirnchemie und -funktion führen. Dies bedeutet, dass dieselbe Person möglicherweise impulsiver und aktiver auf Auslöser reagiert, die in der Vergangenheit keine Angst ausgelöst hätten. Psychologen und Neurologen haben Angst- und Stimmungsstörungen sogar als Störungen beschrieben, die mit Hormonen und elektrischen Signalen im Gehirn zusammenhängen.

Es müssen nicht nur die Ursachen identifiziert werden, die der Entwicklung einer Angststörung zugrunde liegen, sondern es ist auch wichtig, die Risikofaktoren zu berücksichtigen, die die Wahrscheinlichkeit erhöhen können, dass eine Person an dieser Form von Beschwerden leidet. Traumatische Erlebnisse gehören zu den wichtigsten Risikofaktoren. Wenn ein Kind Missbrauch überlebt oder Zeuge eines traumatischen Ereignisses wird, besteht für es ein erhöhtes Risiko, später im Leben eine Angststörung zu entwickeln. Diese Verletzlichkeit zeigt sich auch bei Erwachsenen, die traumatische Erlebnisse erlebt haben, da auch sie einem höheren Risiko ausgesetzt sind, eine Angststörung zu entwickeln.

Ein zusätzlicher Risikofaktor hängt mit der Diagnose einer Krankheit zusammen. Wie bereits erwähnt, gibt es medizinische Probleme, die Angst auslösen können, aber es stimmt auch, dass jede gesundheitliche Sorge zu erheblichem Stress führen kann. Daher ist es verständlich, dass eine schwerwiegende Erkrankung erhebliche Bedenken hinsichtlich der Behandlung und der Zukunft der Krankheit hervorrufen kann.

Abgesehen davon, dass Menschen krankheitsbedingtem Stress ausgesetzt sind, können sie auch mit Stresssituationen konfrontiert sein, die durch bedeutende Ereignisse oder eine Reihe kleinerer alltäglicher Belastungen hervorgerufen werden, die beide starke Ängste auslösen können. Beispiele für solche Situationen sind der Verlust eines geliebten Menschen oder anhaltende Sorgen um finanzielle Angelegenheiten.

Die Persönlichkeit eines Menschen stellt einen wichtigen Faktor für das Risiko dar, Angststörungen zu entwickeln. Jede Persönlichkeit kann irgendeiner Form von lebensbedingtem Stress oder Angst ausgesetzt sein, einige Typen neigen jedoch stärker zu bestimmten Angststörungen. Beispielsweise kann eine Person mit einer Typ-A-Persönlichkeit anfälliger für Stress, Sorgen und Versagensängste sein. Personen mit einer Persönlichkeit vom Typ B zeigen möglicherweise Sorgen über die Zukunft, während die Persönlichkeit vom Typ C möglicherweise Urteilsvermögen und Kritik fürchtet und daher anfälliger für eine soziale Angststörung ist. Schließlich haben Menschen mit einer Persönlichkeit vom Typ D, die durch Sorgen und Pessimismus gekennzeichnet ist, ein höheres Risiko, von generalisierten Angststörungen betroffen zu sein.

Ein zusätzlicher Risikofaktor ist das Vorliegen anderer psychischer Störungen. Es kommt häufig vor, dass Menschen mit psychischen Störungen, wie z. B. Depressionen, auch eine Form der Angststörung entwickeln.

Schließlich stellen psychoaktive Substanzen sowohl beim Missbrauch als auch beim Entzug einen weiteren Risikofaktor dar. Beide Situationen können zur Verschlechterung der Angstsymptome beitragen.

Neben dem Verständnis der Risikofaktoren ist es wichtig, dass sich die Menschen der möglichen Komplikationen im Zusammenhang mit Angststörungen bewusst sind. Diese Störungen geben nicht nur Anlass zur Sorge, sondern können auch andere psychische und körperliche Symptome auslösen oder verstärken. Mögliche psychische Komplikationen sind Depressionen, Drogenmissbrauch und Selbstmordgedanken. Auf körperlicher Ebene kann es zu Schlafstörungen, sozialer Isolation, Problemen mit der Arbeits- oder Schulleistung und einer allgemein schlechten Lebensqualität kommen.

Normale Angst entsteht, wenn man sich über ein bestimmtes Ereignis Sorgen macht. Stellen Sie sich zum Beispiel vor, Sie haben morgen ein Vorstellungsgespräch und stehen später als gewöhnlich auf. In diesem Fall verspüren Sie möglicherweise ein Gefühl der Angst, weil Sie befürchten, zu spät zum Vorstellungsgespräch zu kommen. Sobald Sie sich jedoch anziehen und feststellen, dass Sie nicht zu spät kommen, verschwindet die Anspannung und die Angst löst sich auf. Diese Art von Angst ist völlig normal.

Die Lage verändert sich, wenn es um chronische Angstzustände geht, bei denen die Sorge ständig und irrational ist. Menschen, die unter chronischen Angstzuständen leiden, haben oft einen überaktiven Verstand und sind ständig durch drohende Gefahren beunruhigt. Dieser Zustand erschwert es der Person, sich alltäglich zu verhalten, da Sorgen dazu neigen, die Gedanken zu vernebeln. Wer unter chronischen Angstzuständen leidet, hat das Gefühl, wie in einem dichten Nebel umgeben zu sein, der sich nur schwer auflösen lässt. In diesem Zustand weiß man nie, was der Verstand als „Gefahr" wahrnehmen wird. Im einen Moment fühlt man sich vielleicht vollkommen gut, während man im nächsten Moment in negativen Gedanken versinkt. Der Verstand kann alles als mögliche Gefahr wahrnehmen, die oft auf einem vergangenen Trauma basiert.

Stellen Sie sich vor, Sie müssen vor Tausenden von Menschen eine Rede halten. Wenn Sie solche Situationen nicht gewohnt sind, kann es sein, dass Sie normale Angstzustände entwickeln. Wenn Sie jedoch auf die Bühne gehen, bedeutet das nicht, dass Sie den Mund nicht öffnen oder sprechen können. Mit anderen Worten: Bei normaler Angst können Sie sich immer noch relativ unbeschwert verhalten. Es ist nicht ungewöhnlich, dass eine Person mit normaler Angst, sofern sie sich in einem bestimmten Bereich auskennt, relativ entspannt durch den Tag geht und sich Sorgen für „freie" Zeit aufhebt. Beispielsweise kann es sein, dass Sie trotz persönlicher Probleme einen ruhigen Arbeitstag verbringen, nur um dann, wenn Sie nach Hause kommen, deren Last zu spüren, was die Angst verstärken kann.

Eine Person, die unter chronischen Angstzuständen leidet, kann die Symptome, die sie belasten, nicht ignorieren. Angenommen, diese Person entwickelte nach einer traumatischen Scheidung, die zu einem emotionalen Zusammenbruch führte, chronische Angstzustände. Selbst eine noch so harmlose Begegnung, wie das Sehen eines Kindes, kann schmerzhafte Erinnerungen an den Kampf um die Kinder während einer Scheidung wecken. Schon das Anstarren einer Person des anderen Geschlechts mit ähnlichen Merkmalen wie Ihr Ex-Partner kann Angst auslösen. Der Geist von Menschen mit chronischen Angstzuständen findet selten Ruhe, was zu intensiven Symptomen führt. Die Fähigkeit, sich auf alles zu konzentrieren, wird zu einer Herausforderung, wenn man ständig eine dunkle Wolke negativer Energie über sich spürt. Tagsüber ist die Person gereizt, und nachts leidet sie unter Schlaflosigkeit. Chronische Angst kann die Betroffenen lähmen und die Bewältigung der täglichen Herausforderungen äußerst erschweren.

Wie bereits erwähnt, äußert sich Angst in verschiedenen körperlichen Symptomen. Eine Möglichkeit, sie zu erkennen, besteht darin, darüber nachzudenken, was mit Ihrem Körper passiert, wenn Sie Angst verspüren. In welchem Teil des Körpers spüren Sie ihre Präsenz? Bei Angst verspüre ich Schwindel, verschwommenes Sehen, Schwäche in den Füßen, Schweißausbrüche und Übelkeit. Es ist wichtig zu bedenken, dass Sie es wahrscheinlich mit einem Angstproblem zu tun haben, wenn Sie unangenehme körperliche Empfindungen im Zusammenhang mit Angstzuständen verspüren und Ärzte keine körperlichen Probleme feststellen. Obwohl diese Empfindungen lästig sind, ist es wichtig zu wissen, dass sie keinen körperlichen Schaden anrichten können.

Darüber hinaus ist es in Momenten der Angst wichtig, sich darüber im Klaren zu sein, wie sich dies auf Ihren Denkprozess auswirken kann. Oft geht es dabei um Angst und Schrecken vor einer wahrgenommenen drohenden Gefahr. Mit anderen

Worten: Sie beginnen, die Welt als bedrohlichen Ort wahrzunehmen und sich ständig angegriffen zu fühlen. Das Hauptproblem besteht darin, dass ohne eine echte Bedrohung unnötige Angst erzeugt wird.

Der effektivste Weg, mit diesen negativen Gedanken umzugehen, besteht darin, sie durch positive, aufbauende Gedanken zu ersetzen. Das bedeutet, sich auf Aspekte einer bestimmten Situation zu konzentrieren und sich dann dafür zu entscheiden, die positiven Seiten der Dinge zu betrachten. Mit anderen Worten: Sie nehmen die Situation realistisch wahr, berücksichtigen andere und sich selbst und entscheiden sich für eine ausgewogene und faire Sicht auf alles, was Ihnen bevorsteht.

KAPITEL 3: GESUNDE UND UNGESUNDE ANGST

POSITIVE ANGST

Dies ist eine berechtigte Angst. Ihr „Lass uns so lange wie möglich am Leben bleiben"-Radar hat eine potenzielle Gefahr erkannt und entschieden, dass dies eine echte Bedrohung darstellen könnte. Eine gesunde Angst ist auch dann präsent, wenn Sie sich in Situationen befinden, die jedem ein gewisses Maß an Stress verursachen würden, weil sie wirklich wichtig sind und außerhalb Ihrer Komfortzone liegen. Manche nennen diese Art von Angst „gute Angst", und Angst ist eine legitime Form der Sorge.

Beispiele hierfür sind:

- Ein Spaziergang in den Wäldern, in denen Bären leben, und die Entscheidung, auf die übliche Honig-Gesichtscreme zu verzichten.
- Die Entscheidung, ein Motel aufzusuchen, weil Sie feststellen, dass Sie zu müde sind, um weiterzufahren.
- Ein wenig Nervosität, weil Sie eine sehr wichtige Präsentation halten müssen.

- Ein wenig Nervosität, bevor Sie auf die Bühne gehen, um eine Rede zu halten.
- Die Entscheidung, auf dem Boot zu bleiben und nicht mit dem aufblasbaren Boot zu schwimmen, nachdem eine Haifischflosse aufgetaucht ist.
- Ein wenig Angst, wenn Sie in einen neuen Bundesstaat oder ein neues Land ziehen, um das nächste Kapitel Ihres Lebens zu beginnen.
- Nervosität bei einer Hochzeit, dem Beginn eines neuen Jobs, dem Elternwerden, einer wichtigen Investition, einem Rücktritt, einer Entlassung oder einer Scheidung.

Positive Angst kann und sollte nicht vermieden werden. Natürlich wäre es großartig, wenn Sie ohne jegliche Nervosität in ein wichtiges Vorstellungsgespräch gehen könnten, das über den Erfolg oder Misserfolg Ihrer Karriere entscheiden könnte, aber das wird nicht passieren, weil Sie ein Mensch sind, wie jeder andere auch. Der Trick besteht darin, sich nicht von der Angst zurückhalten zu lassen, sich nicht davon abhalten zu lassen, das Beste zu geben und alle Ressourcen zu nutzen, die man hat. Das werden Sie später noch lernen.

Merken Sie sich vorerst, dass einige Formen der Angst in Ordnung sind und dass das Ziel nicht darin bestehen kann, sie völlig zu vermeiden. Wenn Angst vorhanden ist, ist es besser, sie anzunehmen und mit ihr zu leben, da gute Angst Ihr „Helfer" sein kann, der Sie dazu bringt, besser zu funktionieren.

Erinnern Sie sich an den Kampf-Flucht-Zyklus, den ich Ihnen erklärt habe? Der erste Schub von Angst, den Sie erleben, kann ein Signal zur Leistung sein. Später im Zyklus gibt es einen Punkt, an dem die Angst lähmend wird und Ihre Leistungsfähigkeit stark beeinträchtigt. Der erste Schub an Angst ist jedoch kräftig, er wird von jedem großen Künstler, Sportler, Unternehmer oder Schauspieler verspürt, bevor er auf die Bühne, in den Sitzungssaal oder auf den Sportplatz geht. Diese erste Vorstellung von Angst macht Sie geistig wacher, hilft Ihnen, schneller zu denken und effektiver zu handeln.

Allerdings wird es entscheidend sein, die Angst nicht bis zu einem Punkt anwachsen zu lassen, an dem die gute Angst in negative Angst übergeht.

NEGATIVE ANGST

Dies ist eine lähmende Angst, die Sie davon abhält, das Leben zu genießen. Wenn Sie zu Ängsten neigen, kann sich eine „gute Angst" schnell in eine „negative Angst" verwandeln.

Negative Angst ist wie ein sehr schneller Sportwagen, den man ständig abbremst und nie die pure und berauschende Kraft des Fahrzeugs genießen kann.

Sie kann aus einer guten Angst hervorgehen, die wächst, wenn sie durch verschiedene Arten von negativem Denken verstärkt wird. Aber sie kann auch ohne äußeren Grund entstehen, basierend auf früheren Erfahrungen, an die sich unser Gehirn erinnert.

Negative Angst hat keine Grundlage – sie ist unbegründet und die Angst vor einer Gefahr, die nicht real ist. Es handelt sich um eine Fehlwahrnehmung, die keinen Zweck erfüllt, außer Ihre Lebensqualität zu beeinträchtigen und Sie „auf die Bremse zu treten".

Einige der Nebenwirkungen sind:

- Angst und Vermeidung sozialer Interaktionen.
- Vermeidung von Networking-Veranstaltungen, bei denen Sie niemanden kennen.
- Vermeidung von Brücken, Autobahnen, Tunneln, Autofahren und Fliegen.
- Eine zunehmende Angst, wenn Sie sich weiter von zu Hause oder anderen sicheren Orten entfernen.
- Sie möchten nicht mehr als X Meilen von zu Hause entfernt fahren.

- Vermeidung von Menschenmengen.
- Vermeidung des Alleinseins.
- Angst vor bestimmten Gedanken, die Sie zu vermeiden versuchen.
- Angst und Panik, wenn Sie bestimmte Empfindungen oder Symptome in Ihrem Körper verspüren.
- Angst, weil Sie Gedanken haben, die Sie für „unnormal" halten.
- Einschränkung Ihrer Karriere aufgrund der Angst vor Veränderungen.
- Karrierehemmung durch das Gefühl, ein Betrüger zu sein und die Befürchtung, dass andere herausfinden könnten, dass Sie „nicht hierher gehören".
- Beziehungsprobleme, weil Sie zu schnell bedürftig oder eifersüchtig werden.

Dies ist natürlich keine vollständige Liste. Ihr Geist ist so kreativ, dass er vor allem Angst hat, was Sie sich vorstellen können.

Es ist klar, dass wir an dieser Form der Angst arbeiten müssen. Ich werde mich später in diesem Buch intensiv damit beschäftigen, wie man mit „guter Angst" umgeht, wie man verhindert, dass sie schlimmer wird, und wie man sie überwindet, wenn sie negativ wird.

Bitte beeilen Sie sich jedoch nicht, da es wichtig ist, zuerst den Grundstein zu legen. Ein Teil dessen, was Ihnen helfen wird, Ihre Ängste und Panikattacken zu überwinden, sind die Informationen, die Sie gerade im ersten Teil erhalten haben.

Ein vertiefter Blick auf die häufigsten Arten von Angststörungen kann ebenfalls hilfreich sein, um den Betroffenen zu helfen, besser mit der Störung umzugehen, die sie selbst oder eine geliebte Person betrifft. Als generalisierte Angststörung (GAD) wird die übermäßige Sorge und Angst vor sozialen

Ereignissen und Situationen bezeichnet. Es geht dabei jedoch nicht nur um spezifische Stressfaktoren, sondern auch um Ereignisse, die das tägliche Leben beeinträchtigen. Sorgen können mit der Arbeit, der Familie, der Gesundheit und allem, was mit Finanzen zu tun hat, verbunden sein. Bei vielen der oben genannten Beispiele ist die betroffene Person in der Regel übermäßig besorgt. Es ist jedoch auch möglich, dass kleinere alltägliche Ereignisse, wie Haushaltsaufgaben oder das Zuspätkommen zu einem Termin, die Ursache der Angst sind. Jedes dieser Beispiele kann zu unkontrollierbarer Sorge führen und das Gefühl hervorrufen, dass gleich etwas Schreckliches passieren wird.

ALLGEMEINE ANGSTSTÖRUNG

Die generalisierte Angststörung (GAD) betrifft etwa 5 % der Gesamtbevölkerung, bei Jugendlichen steigt dieser Wert auf bis zu 10 % und sie tritt häufig in Verbindung mit Depressionen auf. GAD zeichnet sich durch unkontrollierte Sorgen über Ereignisse und Aktivitäten aus, die als potenziell negativ erlebt werden. Eine Person, bei der GAD diagnostiziert wurde, ist oft von Sorgen geplagt, die ihr tägliches Leben, ihr soziales Leben und ihre berufliche oder akademische Existenz beeinträchtigen.

ZWANGSSTÖRUNG

Zwangsstörungen sind eine weit verbreitete Angststörung, die sowohl Männer als auch Frauen betrifft und etwa 2–2,5 % der Gesamtbevölkerung betrifft. Das bedeutet, dass von 100 Neugeborenen zwei oder drei im Laufe ihres Lebens an dieser Störung erkranken. In Deutschland sind etwa 800.000 Menschen von einer Zwangsstörung (OCD) betroffen. Zwangsstörungen zeigen in der Regel schon im frühen Kindesalter Symptome und können bis ins Erwachsenenalter fortbestehen.

Eine Person mit einer Zwangsstörung hat hartnäckige, belastende Gedanken und ist von bestimmten Ereignissen besessen, die Angst oder Leiden verursachen. Diese Personen versuchen, ihre Ängste zu bewältigen, indem sie eine Reihe von spezifischen, wiederholten Handlungen ausführen. Sie glauben, dass eine Abweichung von ihrer gewohnten Art und Weise, Aufgaben zu erledigen, zu negativen Konsequenzen oder zu Selbstverletzungen führen könnte. Wenn jemand zum Beispiel vergisst, eine wichtige Aufgabe zu erledigen, könnte er oder sie fürchten, dass diese Vergesslichkeit zu einem schlechten Ergebnis führt.

POSTTRAUMATISCHE BELASTUNGSSTÖRUNG (PTBS)

Frauen sind in der Regel stärker von PTBS betroffen als Männer. Viele unterschiedliche Ereignisse können die Entwicklung einer PTBS auslösen: Vergewaltigung, der Tod eines Kindes oder eines nahen Angehörigen, ein schwerer Unfall oder das Gefühl, in der Vergangenheit etwas falsch gemacht zu haben, gehören zu den häufigsten Auslösern. Statistisch gesehen entwickeln 65 % der Männer und 46 % der Frauen, die Opfer einer Vergewaltigung wurden, später im Leben eine PTBS.

PANIKSTÖRUNG

Für die Entwicklung einer Panikstörung ist kein spezifischer Auslöser erforderlich, doch handelt es sich um eine außergewöhnliche Störung, die mit plötzlich auftretenden Paniksymptomen einhergeht. Eine Panikstörung führt in der Regel nicht zu langfristigen Auswirkungen, aber die Symptome dauern meist nur wenige Minuten bis eine Stunde.

SOZIALE ANGSTSTÖRUNG

Ein kleiner Prozentsatz der Weltbevölkerung leidet unter sozialer Angst. Diese Störung variiert je nach Schweregrad und Person und zeichnet sich durch die Angst vor der Interaktion oder dem Umgang mit unbekannten Menschen in neuen oder ungewohnten Umgebungen aus. Manche Menschen fühlen sich in sozialen Situationen gefangen und ihre Angst ist so ausgeprägt, dass sie die Teilnahme an gesellschaftlichen Veranstaltungen, egal wie klein diese auch sein mögen, am liebsten vermeiden würden. Eine Person mit sozialer Angst vermeidet häufig soziale Interaktionen und fühlt sich bei körperlichem Kontakt oder in der Nähe anderer Menschen unwohl. Oft meiden diese Menschen gesellschaftliche Begegnungen, nur um sich nicht mit ihrer Angst auseinandersetzen zu müssen.

SPEZIFISCHE PHOBIEN

Eine Person mit dieser Art von Angststörung kann spezifische Ängste in Bezug auf bestimmte Situationen, Aktivitäten oder Tiere haben. Diese Menschen empfinden Angst, wenn sie einer Schlange begegnen, zum ersten Mal mit dem Flugzeug fliegen oder Treppen steigen. Die rationale Reaktion auf solche Situationen oder Tiere ist Angst, da diese als potenzielle Gefahr für die eigene Sicherheit wahrgenommen werden.

TRENNUNGSANGST

Menschen leiden unter Angstzuständen, wenn sie von zu Hause oder von Menschen, zu denen sie eine starke emotionale Bindung haben, getrennt sind. Typischerweise leiden Kinder im Alter zwischen sechs Monaten und sieben Jahren an dieser Angststörung, sie kann jedoch auch bei älteren Kindern auftreten. Diese Störung tritt auf, wenn eine Person von einer anderen getrennt wird, beispielsweise wenn ein Kind von seiner Mutter getrennt wird. Je nach betroffener Person kann diese Art von Störung lebenslang bestehen bleiben. Eine Trennungsangst deutet auf eine spezifische kognitive Entwicklungsstufe bei Kindern hin und sollte daher nicht als einfaches Verhaltensproblem angesehen werden.

AGORAPHOBIE

Agoraphobie ist eine Angststörung, die durch die Angst vor Orten oder Situationen gekennzeichnet ist, in denen man sich unsicher fühlt oder in denen eine Flucht nicht leicht möglich ist. Eine Person, die an dieser Störung leidet, zeigt Symptome, die denen einer Panikattacke ähneln. Diese Störung kann die Bewegungsfreiheit der betroffenen Person erheblich einschränken und sie dazu zwingen, oft zu Hause zu bleiben.

ANGSTSTÖRUNGEN UND RISIKOFAKTOREN

Bei manchen Menschen besteht aufgrund einer Vielzahl komplexer genetischer, umweltbedingter und sozialer Faktoren ein höheres Risiko, an Angststörungen zu leiden. Die Diagnose erfolgt in der Regel, wenn die Symptome mindestens sechs Monate anhalten.

Um Ihre Angst zu verstehen, müssen Sie zunächst die Ursprünge und Anfänge Ihrer Angst ermitteln. Stellen Sie sich Angst wie eine Krankheit oder einen Virus vor. Wenn Wissenschaftler ein Heilmittel für eine bestimmte Krankheit oder ein Virus finden wollen, suchen sie zunächst nach dem ursprünglichen Wirt oder Träger. Sobald sie die Quelle der Infektion gefunden haben, können sie verstehen, was sie bekämpfen müssen, und einen Impfstoff entwickeln. Genauso müssen wir die Ursache unserer Ängste herausfinden. Viele Menschen sagen einfach: „Ich hatte schon immer Angst, es gab nie eine Zeit, in der ich mich nicht ängstlich fühlte", obwohl es in Wirklichkeit Zeiten gab, in denen sie zumindest vorübergehend frei von Angst waren. Es gibt immer einen Auslöser oder Katalysator, der die Angstgefühle in Gang setzt: Ihr Partner verlässt Sie, ein Verwandter stirbt, Sie haben eine unangenehme Begegnung mit einem Clown oder einer Spinne usw. Sie haben nur nie darüber nachgedacht oder verdrängen die Gedanken unbewusst. Aber auf die eine oder andere Weise gab es eine bestimmte Episode, die alles ausgelöst hat. In diesem Kapitel wird dieses Problem behandelt.

Dieses Buch zeigt Ihnen sowohl die praktischen Aufgaben als auch die Theorie hinter Ihrer Angst, und dieses Kapitel wird besonders praktisch sein. Was Sie tun müssen, ist folgendes: Nehmen Sie einen Stift und ein Blatt Papier oder öffnen Sie eine Notiz-App auf Ihrem Computer und versuchen Sie dann, sich so weit wie möglich zurückzuerinnern. Denken Sie an die Zeit, als alles begann. Gehen Sie in Ihrer Erinnerung zurück, bis Sie eine Zeit erreichen, in der Sie frei von Angst waren. Arbeiten Sie an Ihren Erinnerungen, bis Sie den Punkt erreichen, an dem Sie zum ersten Mal Erinnerungen an Angst und Panik finden.

Sobald Sie den Übergang von angstfreien Erinnerungen zu ängstlichen Erinnerungen erkannt haben, müssen Sie gründlich nachdenken. Für manche Menschen ist das wirklich einfach, vielleicht haben sie eine traumatische oder traurige Erinnerung aus dieser Zeit, während es für andere vielleicht eine ganz unbedeutende Erinnerung ist, an die sie nie gedacht haben. Dieser Teil kann etwas Zeit in Anspruch nehmen, aber versuchen Sie, an alles zu denken, während Sie sich den ängstlichen Erinnerungen zuwenden. Schreiben Sie alle auf, die Ihnen in den Sinn kommen. Wenn Sie einige Erinnerungen aufgeschrieben haben, gehen Sie sie langsam durch und sehen Sie, ob Ihnen noch mehr einfällt. Sobald Sie beginnen, Dinge aufzuschreiben, werden sie tendenziell klarer, und Sie werden Details erkennen, die Ihnen normalerweise entgehen würden. Die Art der Angst, die Sie empfinden, hängt meist mit einer bestimmten Situation zusammen, die Sie erlebt haben. Ich litt unter Agoraphobie und sozialen Ängsten, und die folgende Liste zeigt, was mir bei dieser Übung in den Sinn kam:

- Erste Erinnerung: Als ich klein war, hatte ich Spaß und spielte mit meinen Freunden.
- Eine Erinnerung, bevor die Angst zuschlug: Als Teenager die ganze Nacht wach bleiben und mit Freunden chillen.
- Irgendwann kommt die Angst: Im Urlaub war ich kurz davor, mit dem Bus nicht rechtzeitig zur Toilette zu kommen.
- Irgendwann, wenn die Angst aufkommt: In der Schule, wenn viele Leute da sind und ich nicht mehr in der Lage war, auf die Toilette zu gehen.
- Beunruhigende Erinnerungen: Panikattacken vor der Schule und das Gefühl, wertlos zu sein.

Wie aus der Liste ersichtlich, können bestimmte erlebte Erinnerungen ausreichend sein, um Angstzustände in einer Person auszulösen. Jeder Mensch ist anders, und Ihre Erinnerungen können völlig anders sein als die anderer. Vielleicht hatten Sie als Kind eine erschreckende Begegnung mit einem Clown und haben jetzt eine Phobie vor Clowns, während jemand anderes sie liebt. Wenn Sie auf Ihre Erinnerungen zurückblicken, stellen Sie sicher, dass Sie bei allem, was Sie schreiben, ehrlich sind, denn dies ist ein wichtiger Schritt im Umgang mit Ihren Ängsten!

Wenn Sie eine bestimmte Situation entdecken, an die Sie sich erinnern, und sie als möglichen Auslöser Ihrer Angst erkennen, wird dies die Grundursache sein. Die ganze Angst, die Sie jetzt verspüren, ist auf ein oder zwei Erlebnisse zurückzuführen, die Sie gemacht haben. Bei mir war es die Toilettensituation, und als die Schule zu Ende war, trat die Angst auf. Es war eine Kombination von Situationen, die meine Angst auslösten. Für Sie könnte es nur eine einzige Erinnerung oder vielleicht eine Kombination aus mehreren sein. Sie sollten eine Erinnerung niemals übersehen, bis Sie sicher sind, dass Sie den Auslöser gefunden haben.

Es wird schwierig sein, die Dinge offenzulegen, aber denken Sie an Ihr Leben ohne Schmerz, Angst und Unruhe.

Sobald Sie die Grundursache herausgefunden haben, ist es an der Zeit, darüber nachzudenken, wie Sie sich damals gefühlt haben. Überlegen Sie, wie Sie sich in dieser Situation gefühlt haben und wie Sie sich heute fühlen, analysieren Sie jedes Detail, an das Sie sich erinnern können, und schreiben Sie alles auf. Das Aufschreiben Ihrer Gefühle ist ein fantastisches Werkzeug, um mehr über sich selbst herauszufinden und Ihre Denkweise ein Stück besser zu verstehen.

UMGANG MIT IHREN AUSLÖSERN

Nachdem Sie nun die mögliche Ursache Ihrer Angst identifiziert haben, ist es an der Zeit, sich mit den Auslösern zu befassen. Ein Auslöser lässt sich kurz als ein Moment, ein Objekt oder eine Situation beschreiben, in der eine Panikattacke ausgelöst wird. Es ist ein bisschen wie eine Badebombe im Wasser – sobald sie das Wasser berührt, beginnt sie zu sprudeln und ihre Wirkung zu entfalten. Das Gleiche gilt für Angstzustände: Je nach Art Ihrer Angst kann der Auslöser bei Ihnen ganz anders sein als bei einer anderen Person.

Nehmen Sie sich wieder Stift und Papier und schreiben Sie dieses Mal über all die Momente in Ihrem Leben, in denen Sie Angst hatten oder eine Panikattacke erlebten. Dies wird Ihre Liste der Auslöser sein. Schreiben Sie jedes Mal, wenn Sie eine neue Panikattacke haben, diese auf die Liste. Am Ende sollten Sie eine gute Übersicht mit Situationen und Punkten haben, die Ihre Angst ausgelöst haben.

Nun müssen Sie Ihre Auslöser- und Erinnerungsliste durchsehen und nach Ähnlichkeiten oder Unterschieden suchen. Wenn sich ein Auslöser mit einer bestimmten Erinnerung deckt oder dieser ähnelt, markieren Sie diese Erinnerung. Sobald Sie diese Erinnerung markiert haben, wissen Sie, dass dies die Grundursache Ihrer Angst ist.

Da Sie nun die Grundursache kennen, können Sie sie klar angehen und müssen sich nicht mehr frustriert fühlen, weil Sie endlich wissen, warum Sie Angst haben. Der zusätzliche Vorteil, Ihre Auslöser zu kennen, besteht darin, dass Sie diese Situationen künftig besser vermeiden können.

Wenn Ihre Angst jedoch unbegründet ist oder beginnt, Ihr tägliches Leben zu beeinträchtigen, könnte es sich um eine Angststörung handeln, die behandelt werden muss. Der beste Weg, dies zu erkennen, besteht darin, zu prüfen, ob die Angst problematisch ist, indem Sie einfach fragen: Haben Sie damit ein Problem? Es gibt verschiedene Möglichkeiten, festzustellen, ob Ihre Angst problematisch ist. Stellen Sie sich die folgenden Fragen, um es zu identifizieren:

- Schadet diese Angst meinen Beziehungen? Wenn Angst Probleme in Ihren Beziehungen verursacht und Sie darunter leiden, weil es ein häufiges Thema ist, das überwunden werden muss, oder weil Sie zu unsicher sind, um eine Beziehung aufrechtzuerhalten, könnte dies problematisch sein.
- Erschwert meine Angst die Arbeit oder hat sie direkten Einfluss auf meine beruflichen oder akademischen Leistungen? Wenn Angst beginnt, das Leben einer Person zu beeinträchtigen und Schwierigkeiten zu verursachen, oder wenn die Leistung in einer der oben genannten Situationen unterdurchschnittlich wird, kann dies problematisch sein.
- Lenken mich meine ängstlichen Gedanken davon ab, das zu tun, was ich tun sollte? Wenn Sie das Gefühl haben, dass Ihre Angst Ihre Fähigkeit beeinträchtigt, etwas zu erreichen, weil Sie einfach zu viel Zeit mit Sorgen verbringen, könnte ein Angstproblem vorliegen.

- Vermeide ich Dinge, die mir früher Spaß gemacht haben, weil ich Angst habe? Wenn Ihre Angst Sie daran hindert, Hobbys nachzugehen, die Sie früher gerne ausgeübt haben, oder Sie daran hindert, neue Freizeitaktivitäten auszuprobieren, könnte dies auf eine problematische Angst hindeuten.
- Fühle ich mich ständig unruhig und nervös, auch wenn es keinen echten Grund dafür gibt? Wenn Sie oft das Gefühl haben, sich über eine mögliche negative Konsequenz Sorgen zu machen, für die es keine stichhaltigen Beweise oder Gründe gibt, könnte es sein, dass Sie unter problematischer Angst leiden.
- Neige ich oft dazu, Dinge schlimmer zu sehen, als sie wirklich sind, auch wenn meine Wahrnehmung in dem Moment richtig erscheint? Wenn du denkst, dass die Dinge schlimmer sind, als sie wirklich sind, könnte das ein Anzeichen für ein Angstproblem sein.

Wenn eine dieser Fragen dich dazu gebracht hat, „Ja" zu sagen, oder wenn du ernsthaft darüber nachgedacht hast, dann könntest du tatsächlich unter Angst leiden, auch wenn du es vorher nicht bemerkt hast. Was du in dieser Situation tun kannst, ist, einen nahestehenden Menschen, der dich gut kennt, zu bitten, dieselben Fragen über dich zu beantworten. So bekommst du ein klareres Bild und kannst besser verstehen, ob du wirklich Angst hast. Auch wenn du die Symptome vielleicht nicht wahrnimmst, können andere sie möglicherweise erkennen.

KAPITEL 4: DINGE IN IHREM LEBEN, DIE SIE DARAN HINDERN, VORANZUKOMMEN

Angststörungen belasten sowohl Körper als auch Geist und können viele Probleme verursachen, wie zum Beispiel Rückenschmerzen, Magenschmerzen, Kopfschmerzen, Zittern, aufdringliche Gedanken, Depressionen und Panik.

Wenn Sie sich auf den Weg zur Genesung machen, müssen Sie wichtige Veränderungen in Ihrem Leben vornehmen, um Stress zu reduzieren und Ihre Konzentration zu steigern. Nachdem Sie diese Phase überwunden haben, werden Sie sich entspannter fühlen und nachts besser schlafen können. Ihr Nervensystem beruhigt sich, und Sie werden anfangen, sich weniger ängstlich zu fühlen.

Diese Phase markiert den Beginn des Heilungsprozesses und bereitet Sie auf alles vor, was kommt. Ich empfehle Ihnen, die Anweisungen so sorgfältig wie möglich zu befolgen.

NEHMEN SIE ABENDS EINE HEISSE DUSCHE

Bevor Sie abends zu Bett gehen, sollten Sie unbedingt ein heißes Bad oder eine heiße Dusche nehmen. Heiße Duschen lindern Verspannungen und Muskelsteifheit. Lassen Sie das heiße Wasser auf Ihre Schultern, Ihren Nacken und Ihren

Rücken einwirken. Je kräftiger der Wasserfluss, desto besser, aber die wichtigste Komponente ist die Wärme. Studien haben gezeigt, dass eine heiße Dusche den Oxytocinspiegel steigert, was Angstzustände lindert, da es ausgeschüttet wird, wenn wir verliebt sind, und ein Glückshormon ist.

Der Schritt aus einer heißen Dusche in ein kühleres Schlafzimmer führt zu einem Absinken der Körpertemperatur und damit zu einem Gefühl der Ruhe und Schläfrigkeit, wodurch wichtige Stoffwechselaktivitäten verlangsamt werden.

GEHEN SIE ERST INS BETT, WENN SIE MÜDE SIND

Wenn Sie zu Bett gehen, stellen Sie sicher, dass Sie müde genug sind, um einzuschlafen. Andernfalls bleiben Sie wach und denken zu viel nach oder machen sich Sorgen, was kontraproduktiv ist. Wenn das passiert, stehen Sie auf und machen Sie etwas anderes: Wäsche zusammenlegen, fernsehen, ein Buch lesen oder ein Glas warme Milch oder etwas Joghurt trinken. Diese Aktivitäten können Ihnen beim Einschlafen helfen.

FÜGEN SIE IHRER ERNÄHRUNG STRESSABBAUENDE LEBENSMITTEL HINZU

Ergänzen Sie Ihre Ernährung mit stressabbauenden Lebensmitteln wie Nüssen, Truthahn, Garnelen, Käse, Kirschen oder Kirschsaft. Diese Lebensmittel enthalten Tryptophan, das die Produktion von Melatonin, dem Schlafhormon, anregt. Kamille ist ein ausgezeichnetes Beruhigungsmittel, das Sie zwei- bis dreimal täglich trinken können, auch vor dem Duschen und vor dem Schlafengehen. Omega-3-Öl aus Fisch oder Kapseln ist ebenfalls sehr gut für Sie, aber Sie können auch Kokosöl zum Kochen oder als Ersatz für Margarine oder Butter verwenden. All diese Lebensmittel helfen Ihnen, Stress abzubauen.

DINGE, DIE ES ZU VERMEIDEN GILT

Versuchen Sie, sich bewusst von den folgenden Stressfaktoren fernzuhalten:

- Koffein
- Alkohol
- Drogen
- Komfort
- Überernährung

DUSCHEN SIE AM MORGEN

Wenn Sie aufwachen, beginnen Sie Ihren Tag mit einer etwa zweiminütigen Warmwasserdusche. Dann senken Sie die Temperatur schlagartig – nicht auf den Gefrierpunkt, sondern auf etwa 20°C. Bleiben Sie zwei bis drei Minuten dort (es kann etwas gewöhnungsbedürftig sein). Studien haben gezeigt, dass dies eine wirksame Behandlung bei Depressionen darstellt, da ein plötzlicher Temperaturwechsel den Körper von Müdigkeit befreit und die geistige Wachsamkeit steigert.

MACHEN SIE REGELMÄSSIG SPORT

Versuchen Sie, sich trotz eines vollen Terminkalenders mehr zu bewegen. Manche Menschen haben Kinder und die meisten von ihnen arbeiten, gehen zur Schule oder beides. Versuchen Sie, aktiver zu sein: Gehen Sie zügig spazieren, fahren Sie Fahrrad, schwimmen Sie oder gehen Sie ins Fitnessstudio. All dies kann Ihnen eine große Hilfe sein, da regelmäßige Bewegung das Gehirn stimuliert und weitere gesundheitliche Vorteile mit sich bringt.

ATMUNG UND VISUALISIERUNG

Legen Sie sich kurz vor dem Schlafengehen auf das Bett, Sofa oder den Stuhl, achten Sie auf einen geraden Rücken, schließen Sie die Augen und entspannen Sie sich.

Wenn Sie sich wohl fühlen, atmen Sie langsam und tief durch die Nase ein und zählen dabei fünf Sekunden lang. Halten Sie den Atem für zwei Sekunden an. Atmen Sie dann vier Sekunden lang durch den Mund aus und achten Sie darauf, dass Ihre Atmung kontrolliert und tief ist.

Sobald Sie das Gefühl für die Atmung entwickelt haben, können Sie während der Atemübung Visualisierungen üben. Stellen Sie sich Szenarien vor, die Sie entspannen, zum Beispiel das Sitzen am Strand: Stellen Sie sich vor, die Sonnenstrahlen wärmen Ihr Gesicht, Sie riechen die Meeresbrise, hören das Geräusch der Möwen und das Rauschen der Wellen am Ufer. Lassen Sie Ihrer Fantasie freien Lauf, um eine friedliche Szene zu schaffen.

Brauchen Sie Hilfe? Gehen Sie zu YouTube und suchen Sie nach entspannender Meditation. Es gibt viele kostenlose Meditationslieder online, die Ihnen beim Entspannen helfen können.

Sie können die Atemübung mit oder ohne Visualisierung durchführen. Machen Sie mindestens zehn Wiederholungen.

Möglicherweise bemerken Sie, dass aufdringliche Gedanken oder andere Ablenkungen in Ihren Geist eindringen. Ignorieren Sie sie und schenken Sie ihnen keine Beachtung. Haben Sie keine Angst vor ihnen; sie bedeuten nichts und sind völlig harmlos.

Nach dieser Übung sollten Sie sich entspannt fühlen. Bleiben Sie ruhig liegen und halten Sie Ihre Augen geschlossen. Atmen Sie wieder normal. Wenn Sie sich müde fühlen, können Sie sich hinlegen und schlafen gehen.

Sie können diese Übung auch nach dem Aufwachen oder tagsüber durchführen. Sobald Sie damit fertig sind, fahren Sie mit Ihrem Tag fort. Mit etwas Übung wird diese Methode

Ihnen helfen, sich entspannter und weniger ängstlich zu fühlen.

Es ist wichtig, diesen Schritt in Ihren täglichen Alltag einzubauen. Sobald Sie es sich zur Gewohnheit gemacht haben, können Sie mit dem nächsten Schritt fortfahren. Denken Sie daran, dass Sie die Übungen aus dieser Phase während des gesamten Genesungsprozesses fortsetzen müssen.

Wenn Sie den vorherigen Schritt korrekt befolgt haben, sollten Sie sich etwas entspannter fühlen und dadurch aufnahmefähiger sein, wenn Sie über den Rest des Programms nachdenken. Ich rate Ihnen, mit den Übungen der ersten Phase zu beginnen und zusätzlich die Übungen der nächsten Phase umzusetzen.

Hören Sie auf, nach Bestätigung zu fragen und über Ihre Angst zu sprechen. Ich kann gar nicht in Worte fassen, wie wichtig es ist, nicht mehr Freunde und Ärzte um Bestätigung zu bitten, sondern mit den Menschen über den eigenen Zustand zu sprechen.

Auf keinen Fall sollten Sie sich mit Angstzuständen befassen, da die Forschung der Genesung abträglich ist und das Problem sogar verschlimmern kann. Ich habe über ein Jahr lang nach Bestätigung gesucht und nie Fortschritte gemacht. Ich ging von einem Arzt zum anderen und rief ständig Freunde an, und selbst als ich sie auf der Straße sah, konnte ich mich nicht beherrschen. Ich bat um Bestätigung meiner Gedanken und Gefühle und ob sie glaubten, dass ich mich jemals erholen würde. Dieses Verhalten hielt meine Angst am Leben und machte alles sogar noch schlimmer.

Sie haben mit Ihrem Arzt über das Problem gesprochen und er hat Ihnen gesagt, dass Sie Angst haben; Sie brauchen ihn nicht noch einmal zu fragen, hören Sie auf damit.

Angst allein kann Ihnen nicht schaden. Ihre ängstlichen Gedanken sind lediglich falsche Signale Ihres Geistes, weil Ihnen Angst zugrunde liegt.

Ich traf einen guten Psychologen, der mir erklärte, dass

Beruhigungen und Diskussionen über Angstzustände sie am Leben erhalten. Ich musste dem Drang, diese Dinge zu tun, widerstehen, egal wie stark er war, und traf eine Entscheidung.

Ich wollte mich erholen, weil ich die Angst satt hatte. Ich hatte keine andere Wahl, als nicht mehr um Bestätigung zu bitten. Ich befand mich sozusagen im Rückzug, aber auch wenn es zunächst schwierig war, gewann ich Selbstvertrauen, als ich merkte, dass die Ängste nachließen.

Das Sprechen über Ängste kann Sie beruhigen, erinnert Sie aber auch daran, dass Sie darunter leiden. Was wir hier tun wollen, ist, das Unterbewusstsein dazu zu bringen, die Angst zu teilen, indem es neue neuronale Netzwerke bildet.

Diese „Hör auf, darüber zu reden"-Phase hat enorm zu meiner Genesung beigetragen und wird das auch für Sie tun. Sie müssen diese Phase einfach umsetzen, bevor Sie fortfahren.

Beruhigung ist bis zu einem gewissen Punkt gut. Wenn Menschen zum ersten Mal Angst entwickeln, verspüren sie Angst und stellen ganz natürlich Fragen an Freunde und Ärzte. Fragen, ob Angst gefährlich ist, ob sie geheilt werden kann oder ob man verrückt wird, sind klassische Fragen für Angstpatienten, aber wenn man sie einmal stellt, muss man die Antworten akzeptieren und darf sie nicht noch einmal stellen.

Angst zu haben ist kein Zeichen von Schwäche oder Wahnsinn und schon gar nicht gefährlich, sondern bedeutet, dass einem viele Gedanken und Sorgen in den Sinn kommen. Man muss erkennen, dass es sich hierbei um falsche Gedanken handelt, die auf eine Fehlfunktion der Schaltkreise zurückzuführen sind, und dass es sich um Veränderungen handelt, die in erster Linie durch Angst hervorgerufen werden. Sie werden diese Probleme lösen, indem Sie diesem System folgen. Indem Sie solche Gedanken als fehlerhafte Signale erkennen, lehnen Sie sie ab, was den Genesungsprozess in Gang setzt.

Indem Sie jeden Schritt dieses Programms befolgen, werden Sie sich erholen, Ihr Gehirn dazu anregen, sich neu zu vernetzen und zu normalisieren und ängstliche Netzwerke durch nicht ängstliche Netzwerke zu ersetzen. Der Prozess basiert auf der Fähigkeit des Gehirns, sich anzupassen, genannt „Neuroplastizität", und ist wissenschaftlich belegt.

Durch das, was Sie bisher getan haben, haben Sie einiges an Stärke angesammelt und haben mehr Mut, wenn es um Situationen geht, die Sie eher vermeiden würden oder die Ihnen Angst machen. Da Sie einige der unnötigen Elemente aus Ihren Listen entfernt haben, ist es einfacher, sich auf die anderen Probleme zu konzentrieren, mit denen Sie noch zu kämpfen haben. Diese Woche sollten Sie sich jeden Tag auf sie konzentrieren.

- Lesen Sie Ihre Liste mindestens zweimal täglich.
- Notieren Sie Ihr Angstniveau und Ihre Fortschritte.
- Schreiben Sie Ihre hypothetischen Ängste auf.
- Drücken Sie aus, wofür Sie dankbar sind.

Es war ein langer Prozess, der es Ihnen ermöglicht hat, viele Informationen und Techniken zu erlernen, die Ihnen in verschiedenen Situationen helfen können. Hier werden Ihnen einige weitere Techniken vorgestellt, die nicht so spezifisch sind wie die, die Sie bisher gelernt haben. Anschließend lernen Sie Strategien kennen, die in verschiedenen Bereichen eingesetzt werden können, um gewünschte Veränderungen zu erreichen. Außerdem erfahren Sie, wie Sie Ihre Lebensqualität insgesamt verbessern können. Diese Strategien sollten als Bonus in diesem Buch betrachtet werden, die Ihnen etwas mehr Inhalt bieten, in der Hoffnung, dass Sie etwas finden, das wirklich für Sie funktioniert.

STRATEGIEN ZUR REDUZIERUNG VON ANGST

Wenn Sie unter Angstzuständen leiden, kann es leicht passieren, dass Sie sich so sehr in negativen Gedanken und Gefühlen verfangen, dass Sie das Gefühl haben, dass die Negativität keine Lösung hat und keine Hoffnung auf Besserung besteht. Man steckt so tief in dieser negativen Einstellung fest, dass man befürchtet, für immer dort zu bleiben. Doch das ist weit von der Wahrheit entfernt. Sie können tatsächlich eine Linderung Ihrer Ängste erfahren. In diesem Abschnitt werden Ihnen vier weitere Möglichkeiten aufgezeigt, wie Sie Ängste in Ihrem Leben lindern können, und ich hoffe, dass einige dieser Strategien Ihnen in irgendeiner Weise hilfreich sein werden.

REALISTISCHE DENKWEISE

Dies ist eine weitere Methode, Ihre Emotionen zu kontrollieren und vernünftig zu denken. Wenn Sie realistisch denken, erkennen Sie, welche Gedanken realistisch sind, und wenn Sie welche finden, die es nicht sind, können Sie sie in realistische Gedanken umwandeln. Wenn Sie dies tun, stellen Sie im Wesentlichen sicher, dass Sie negative Gedanken korrigieren können.

Der erste Schritt in diesem Prozess ist, sich bewusst zu werden, woran Sie überhaupt denken. Hier kommen Ihre Achtsamkeitswerkzeuge ins Spiel: Wenn Sie diese Fähigkeiten nutzen, können Sie erkennen, wohin Ihre Gedanken gehen, und das hilft Ihnen, unerledigte Geschäfte und unrealistische Gedanken zu erkennen. Finden Sie heraus, welche dieser Gedanken bei Ihnen ein schlechtes Gewissen auslösen, und nehmen Sie sich diese vor.

Wenn Sie zum Beispiel am Boden zerstört sind, weil ein Date schlecht gelaufen ist, haben Sie einen unrealistischen Gedanken. Achten Sie darauf, wie Sie sich dabei fühlen, und erkennen Sie, was dahinter steckt. Warum interessiert es Sie, dass das Date nicht gut gelaufen ist? Ja, das ähnelt der automatischen Erkennung negativer Gedanken, aber in Wirklichkeit sollten Sie hier genau das tun, nämlich den negativen Gedanken identifizieren, sodass Sie ihn einfach mit einem kurzen Satz korrigieren können.

Wenn Sie wegen des Abends verärgert sind, reagieren Sie vielleicht so, dass Sie nicht möchten, dass sich Ihr Partner ungeliebt fühlt oder dass er ständig weggeht, und dass Sie wirklich sicher sein möchten, dass dies der richtige Partner für Sie ist. Wenn Sie innehalten, um diesen Gedanken zu betrachten, erkennen Sie vielleicht, dass das wirklich eine Überreaktion für nur ein einziges Date ist. Sie sagen sich vielleicht, wenn eine Beziehung nur für ein einziges Date untergraben wird, dann ist es keine Beziehung, die es wert ist, geführt zu werden. Indem Sie diesen Gedanken korrigieren und positiver gestalten, lösen Sie im Wesentlichen das Problem in Ihrem Kopf und können sich ein wenig beruhigen, weil Sie in diesem Moment die Wahrheit erkennen.

VERLASSEN SIE SICH AUF EINEN THERAPEUTEN

Manchmal ist es das Beste, bei anhaltender Angst einen Therapeuten aufzusuchen, aber das ist viel leichter gesagt als getan. Auch wenn Sie das Gefühl haben, dass Sie es nicht brauchen, kann es sich lohnen, darüber nachzudenken. Therapeuten sind nicht böse oder eine Geldverschwendung, aber sie sind sehr hilfreich, denn sie können Ihnen helfen, mit allen möglichen negativen Gedanken umzugehen und sicherzustellen, dass Sie unabhängig von der Situation besser mit sich selbst klarkommen. Durch diese Prozesse erhalten Sie personalisierte Inhalte, die Ihnen ein Buch nicht bieten kann, und Sie erhalten Echtzeit-Feedback, das Ihnen hilft zu verstehen, was Sie tun und wenn Sie bei der Ausführung etwas falsch machen.

Wenn Sie der Meinung sind, dass die aktive Suche nach einem Therapeuten für Sie hilfreich sein könnte, sollten Sie einen Termin mit Ihrem Hausarzt vereinbaren, um sich beraten oder überweisen zu lassen. Manchmal übernimmt der NHS keine Behandlung ohne Rezept und Ihr Arzt kann auch sicherstellen, dass die Symptome, insbesondere Herzprobleme, keine körperlichen Ursachen haben.

Sobald Sie ein Rezept oder eine Indikation für eine Therapie haben, können Sie darüber nachdenken, welche Art von Therapie für Sie am besten geeignet ist. Möchten Sie einen kognitiven Verhaltenstherapeuten? Eine traditionelle Gesprächstherapie? Eine andere Therapieform? Es gibt verschiedene Formen der Angsttherapie und letztendlich müssen Sie die für Sie beste auswählen. Sobald Sie eine Entscheidung getroffen haben, müssen Sie die Fachkräfte in Ihrer Nähe überprüfen, die dem NHS angeschlossen sind oder, falls nicht, in Ihrer Reichweite sind.

Wenn Sie den Therapeuten endlich treffen, seien Sie bereit, sich auf den Therapeuten einzulassen und offen zu sein. Sie müssen sich mit der Person, mit der Sie sprechen, sicher und wohl fühlen. Allerdings ist es in vielen Fällen schwierig, bereits nach einer einzigen Sitzung ein Urteil zu fällen. Versuchen Sie daher, sich mindestens zweimal mit dem Therapeuten zu treffen, bevor Sie entscheiden, ob er der richtige Therapeut für Sie ist. Wenn Sie sicher sein wollen, dass Ihr Therapieweg tatsächlich wirksam ist, ist es wichtig, die richtige Person zu finden.

ROLLENSPIELE IM SCHLIMMSTEN FALL

Eine weitere Technik, die einigen Menschen bei der Bewältigung von Angstzuständen hilft, ist das Rollenspiel des schlimmsten Szenarios. In diesem Fall stehen Sie vor der Herausforderung, sich das schlimmstmögliche Ende einer angstauslösenden Situation vorzustellen. Wenn Sie zum Beispiel Angst vor einer Scheidung haben, halten Sie inne und überlegen Sie, was das schlimmstmögliche Szenario wäre, und planen Sie genau, was passieren könnte. Vielleicht befürchten Sie, dass Ihr zukünftiger Ex das alleinige Sorgerecht für die Kinder erhält und das Haus behalten könnte, sodass Sie Unterhalt von Kindern erhalten, die Sie nie sehen werden und die sich gegen Sie verbünden.

Halten Sie inne und überlegen Sie, wie realistisch diese Situation tatsächlich ist. Wie oft verlieren Eltern den Kontakt zu ihren Kindern, es sei denn, sie verhalten sich schlecht oder schaden ihnen? Wie oft hören Sie von Menschen, die Drogen nehmen und das Sorgerecht für ihre Kinder nicht behalten können oder das Sorgerecht missbrauchen? Wie wahrscheinlich ist es, dass Ihr Ex die Kinder nimmt und mit ihnen davonläuft? Warum sollte Ihr Ex Ihren Kindern etwas so Schlimmes antun wollen, die von der Anwesenheit beider Elternteile profitieren würden, abgesehen von Missbrauch oder Vernachlässigung?

Wenn Sie die Situation zerlegen, erkennen Sie, dass die Wahrscheinlichkeit, dass das Worst-Case-Szenario eintritt, sehr gering ist. Das gibt Ihnen die Sicherheit, ohne weitere Sorgen voranzukommen.

EINE SITUATION ZU ENDE BRINGEN

Die letzte Methode zum Umgang mit Angstzuständen, die Sie lernen werden, besteht darin, eine Situation zu Ende zu spielen. In diesem Fall müssen Sie darüber nachdenken, Ihre Angst zu berücksichtigen und darüber nachzudenken, was in dieser bestimmten Situation tatsächlich passieren wird. Vielleicht befürchten Sie beispielsweise, dass Sie morgen, wenn Sie zur Arbeit gehen, entlassen werden, weil Sie eine Woche lang krank waren und mit vielen Arbeiten in Verzug geraten sind. Ihre Angst hält Sie wach und Sie wissen, dass Sie schlafen müssen, aber Sie können es nicht.

In diesem Fall sollten Sie innehalten, über die Angst nachdenken und dann durchspielen, wie sie sich Ihrer Meinung nach entwickeln wird. Wenn Sie Angst haben, gefeuert zu werden, wenn Sie im Büro erscheinen, stellen Sie sich vor, was Ihrer realistischen Meinung nach passieren wird. Vielleicht stellen Sie sich vor, Sie würden ankommen und Ihren Chef auf sich zukommen sehen. Anstatt zu glauben, dass er zu Ihnen kommt und Ihnen sagt, dass Sie privat reden müssen, denken Sie, dass er Sie fragen wird, ob es Ihnen besser geht, und Ihnen sagen wird, dass alle Sie vermisst haben und dass er kein Wort darüber verlieren wird, dass Sie krank sind, weil er ein guter Chef ist und versteht, dass Menschen manchmal krank werden.

Da Sie sich ein realistisches Ende vorstellen, können Sie es mit dem Worst-Case-Szenario vergleichen, das Sie für diese Situation entwickelt haben. Sie sind in der Lage, die beiden Dinge zu betrachten und zu erkennen, dass alles gut werden wird. Sie wissen, dass es eine Möglichkeit ist, gefeuert zu werden, aber es ist immer eine Möglichkeit. Sie können jederzeit und aus jedem Grund von Ihrem Job entlassen werden. Jetzt können Sie sich ein wenig entspannen und sich sagen, dass alles gut wird, was Ihnen ermöglicht, endlich einzuschlafen und die Ruhe zu finden, die Sie brauchen.

STRATEGIEN ZUR STEIGERUNG IHRER LEBENSQUALITÄT

Jetzt werde ich Sie durch mehrere Schritte führen, um Ihre Lebensqualität zu verbessern. Dies sind andere Möglichkeiten, die Ihnen helfen können, die nicht unbedingt speziell für Angstzustände gedacht sind, Ihnen aber dabei helfen können, mehr Freude und Wert in Ihrem Leben zu finden. Während Sie diesen Prozess durchlaufen und diesen vier verschiedenen Aktivitäten folgen, stellen Sie sich vor, wie Sie sie auf Ihr Leben anwenden könnten, um es so zu gestalten, wie Sie es sich wünschen. Möglicherweise stellen Sie fest, dass es mehrere Möglichkeiten gibt, die Positivität in Ihrem Leben zu steigern, was den angenehmen Nebeneffekt haben könnte, dass Ihre Angst abnimmt.

KÖRPERSPRACHE VERSTEHEN

Indem wir lernen, die Körpersprache anderer besser zu deuten, tun wir zwei Dinge: Wir helfen uns, andere besser zu verstehen, sodass wir jederzeit wissen, was sie denken. Außerdem stellen wir sicher, dass wir in der Lage sind, unsere Ausdrucksmöglichkeiten so zu entwickeln, dass sie direkt mit der Stimmung verknüpft sind, die wir erzeugen möchten. Denken Sie daran, so zu tun, als ob, bis es Ihnen automatisch gelingt. Wenn Sie sich die Mühe gemacht haben, die Körpersprache anderer zu deuten, werden Sie auch lernen, Ihre eigene Körpersprache effektiver zu nutzen. Darüber hinaus werden Sie anfangen, Körpersprache zu verstehen, indem Sie lernen, was sie bedeutet. Auf diese Weise werden Sie in der Lage sein, die Stimmungen anderer Menschen besser zu erkennen, auch wenn es im Allgemeinen schwierig ist, sie zu verstehen.

EMOTIONALE INTELLIGENZ ENTWICKELN

Der letzte Rat, den Sie in diesem Buch erhalten, ist, emotionale Intelligenz zu entwickeln. Auf diese Weise werden Sie fähiger, sich in sozialen Situationen sicher zu bewegen. Sie werden lernen, Ihr Verhalten zu kontrollieren und sicherzustellen, dass Sie sich in jeder Situation immer richtig verhalten können. Sie werden auch beginnen, Ihr Selbstvertrauen zu stärken und die Fähigkeiten zu entwickeln, die Sie brauchen, um Ihre Ängste zu kontrollieren. Indem Sie lernen, emotional intelligent zu sein, zeigen Sie, dass Sie sich verbessern möchten und erkennen, dass Sie es schaffen können. Sie werden immer das Licht am Ende einer dunklen Situation finden, egal wie klein dieses Licht auch sein mag, denn es kann Ihnen helfen, eine wertvolle Lernerfahrung zu machen, die für Sie von großem Nutzen sein könnte.

KAPITEL 5: KOGNITIV-BEHAVIORALE ANSÄTZE

DIE MOTIVATION FÜR VERÄNDERUNG

Manche Menschen kämpfen mit der Motivation zur Veränderung, die oft mit ihrer Angst zusammenhängt, vielleicht weil die Hindernisse, die es zu überwinden gilt, zu groß erscheinen. Normalerweise durchlaufen Menschen bei der Planung einer Veränderung fünf Phasen:

Prekontemplation

In der Phase der Prekontemplation glauben Sie, dass Sie Ihre Ängste reduzieren können, haben sich aber noch nicht zu einer Veränderung entschlossen.

Kontemplation

In der Kontemplationsphase denken Sie darüber nach, in Zukunft daran zu arbeiten, Ihre Angst zu reduzieren, haben aber noch keine Maßnahmen ergriffen, um dies zu erreichen.

Vorbereitung

In der Vorbereitungsphase gehen Sie aktiv dazu über, zu planen, wie Sie in naher Zukunft Ihre Ängste reduzieren können.

Handlung

Während der Handlungsphase arbeiten Sie aktiv daran, eine Veränderung in Bezug auf Ihre Angst herbeizuführen.

Aufrechterhaltung

In der Aufrechterhaltungsphase verpflichten Sie sich, nicht in alte Muster ängstlicher Gedanken und Verhaltensweisen zurückzufallen.

Wenn Sie dies lesen, haben Sie wahrscheinlich bereits die ersten beiden Phasen durchlaufen und planen aktiv, Ihre Ängste anzugehen. Wenn Sie immer noch Schwierigkeiten haben, sich auf eine Veränderung einzulassen, stellen Sie sich die folgenden Fragen und schreiben Sie Ihre Antworten in das dafür vorgesehene Feld:

Was sind die Vor- und Nachteile der Behandlung meiner Angstzustände?

Wie wird mein Leben in 20 Jahren aussehen, wenn ich immer noch unter Angstzuständen leide? Wie wird mein Leben sein, wenn ich sie nicht mehr habe?

VERPFLICHTEN SIE SICH, SICH BESSER ZU FÜHLEN

Obwohl ich versucht habe, dieses Buch so einfach wie möglich zu gestalten, liegt es dennoch an Ihnen, sich die Mühe zu geben, sich selbst zu verbessern. Es ist wahrscheinlich, dass das Leben Ihnen in den nächsten sieben Wochen einige Herausforderungen stellen wird, aber lassen Sie sich davon nicht entmutigen. Nehmen Sie sich Zeit, um damit umzugehen, genauso wie Sie sich auch Zeit für Bewegung, eine ausgewogene Ernährung und ausreichend Ruhe nehmen. Ihre geistige Gesundheit verdient genauso viel Aufmerksamkeit.

Planen Sie jede Woche Zeit ein, um ein Kapitel zu lesen, die Übungen zu machen und Ihre Notizen zu markieren. Die Zeit wird sowieso vergehen, also können Sie genauso gut Fortschritte machen.

Gewohnheiten sind die Grundlage des Lebens eines jeden Menschen. Wir alle haben sie. Ob es uns gefällt oder nicht, ob bewusst oder unbewusst, Gewohnheiten sind Teil unseres Alltags und machen ihn unverzichtbar.

Der menschliche Geist und Körper sind als produktive Maschinen sehr effizient, und das liegt zum Teil daran, dass wir Gewohnheiten haben. Stellen Sie sich vor, wie kompliziert es wäre, Dinge ständig manuell durchdenken zu müssen: Sie müssten alltäglichste Aufgaben in Ihrem Kopf durchspielen – wie Aufwachen, Aufstehen und in die Küche gehen.

Gewohnheiten sind nützlich, aber wenn wir schlechte Gewohnheiten entwickeln, können sie uns in eine Abwärtsspirale ziehen. Sie müssen Ihre Komfortzone verlassen und

Gewohnheiten ändern, die Ihrer Gesundheit schaden und sich negativ auf Ihren Geisteszustand auswirken.

IDENTIFIZIEREN SIE IHRE GEDANKEN

Denken Sie an eine aktuelle Situation, in der Sie starke Angst verspürten. Vielleicht haben Sie in Ihrem Sorgentagebuch bereits eine Situation identifiziert, die Sie hier als Beispiel verwenden können.

Welches Ereignis haben Sie erkannt? Denken Sie so genau wie möglich darüber nach. Wer war dabei, wo waren Sie, zu welcher Tageszeit? Ereignisse können Situationen sein, aber auch Gedanken oder Erinnerungen.

Denken Sie dann über die Konsequenzen dieser Situation in Bezug auf Gefühle und Verhaltensweisen nach. Welche Gefühle hatten Sie und welche Handlungen haben Sie unternommen? Schreiben Sie Ihre Gedanken in das untenstehende Feld.

Wählen Sie das eine Gefühl oder die Emotion aus, die Sie im Zusammenhang mit dem Ereignis am stärksten empfunden haben, und markieren Sie es.

Nehmen Sie sich jetzt einen Moment Zeit, um die Gedanken, Einstellungen, Wahrnehmungen oder Erwartungen zu identifizieren, die Sie in dieser Situation hatten. Falls es Ihnen schwerfällt, Ihre Gedanken zu identifizieren, denken Sie darüber nach, welche Art von Gedanken möglicherweise zu Ihren Gefühlen geführt haben. Nehmen Sie sich einen Augenblick und schreiben Sie diese unten auf. Wählen Sie dann den Gedanken aus, der Sie am meisten beschäftigt, und markieren Sie ihn.

GESUNDE GEWOHNHEITEN

Positive Gewohnheiten zu entwickeln ist anfangs immer eine Herausforderung. Seien Sie also nicht zu streng mit sich selbst. Sie müssen sich bewusst machen, dass es eine Weile gedauert hat, bis Ihre aktuellen Gewohnheiten zu festen Bestandteilen Ihrer Routine wurden. Deshalb wird es auch einige Zeit in Anspruch nehmen, neue Gewohnheiten zu etablieren.

Der Schlüssel zur Bildung von Gewohnheiten und ihrer Anpassung ist Beständigkeit, denn nur durch Beständigkeit können Gewohnheiten nach Belieben gebildet oder verändert werden. Sie ist der Treibstoff, auf dem Gewohnheiten basieren und sich weiterentwickeln.

Bevor wir uns nun einige der Gewohnheiten ansehen, von denen ich glaube, dass sie Ihnen helfen werden, ist es wichtig, dass Sie sich direkt verpflichten, nicht aufzugeben, konsequent zu bleiben und eine positive Einstellung zu bewahren.

Gesunde Ernährung

Die erste Gewohnheit, die Sie sich aneignen sollten, ist, sich gesund zu ernähren.

Mit „gesunder Ernährung“ meine ich, dass Sie Lebensmittel zu sich nehmen, die Ihrem Körper und Geist guttun und Sie zu einem gesunden und glücklichen Leben führen, fernab von Arztbesuchen und Krankheiten.

Achten Sie darauf, immer ausreichend Wasser zu trinken, indem Sie eine Wasserflasche bei sich haben und regelmäßig trinken. Wenn es um Ihre Gesundheit geht, ist eine ausreichende Flüssigkeitszufuhr entscheidend. Wenn Sie es nicht glauben, probieren Sie es einfach aus: Trinken Sie 30 Tage lang ausreichend Wasser und Sie werden sehen, wie viel besser Sie sich fühlen werden. Sie werden es nicht bereuen und möchten sich sicherlich nicht länger dehydriert und träge fühlen.

Sich gesund zu ernähren ist eine schwierige Gewohnheit, aber zum Glück leben wir in einer Zeit, in der das Internet voller leckerer, gesunder Rezepte ist, die in weniger als einer halben Stunde zubereitet werden können. Sie haben viele Aufgaben zu erledigen, die viel Energie erfordern und nur wenig Zeit lassen. Daher kann Kochen eine großartige Möglichkeit sein, sich zu entspannen. Die Zubereitung von Mahlzeiten für mehrere Tage reduziert zudem den Zeitaufwand im Vergleich zu Fertiggerichten oder dem Auftauen von Tiefkühlkost.

Lächeln

Serotonin. Wenn Sie mehr von diesem Hormon in Ihrem Leben haben möchten, dann hören Sie mir zu: Nein, Sie müssen kein Geld ausgeben, um darauf Zugriff zu haben. Sie müssen keinen Apotheker oder Kräuterexperten fragen, wie Sie es einnehmen können.

Lächeln Sie einfach!

Durch Lächeln setzen Sie auf natürliche Weise Serotonin frei, denn ein Lächeln verändert Ihre Stimmung. Sie müssen nicht warten, bis Sie aus einem bestimmten Grund glücklich sind, um zu lächeln. Sobald Sie lächeln, wird Serotonin freigesetzt und Sie werden sich sofort besser fühlen. Manchmal brauchen Sie vielleicht einen Anlass zum Lächeln. Denken Sie also an einen lustigen Film, den Sie lieben, oder an etwas Albernes, das Sie erlebt haben – oder noch besser, an etwas Lustiges, das Sie selbst gemacht haben.

Während Sie lächeln, werden Sie ein Klopfen an der Tür Ihres Geistes hören: Es ist ein glücklicher Gedanke, der hereinkommt. Lassen Sie dieses Gefühl auf sich wirken und Sie werden merken, dass sich ein echtes Lächeln auf Ihrem Gesicht zeigt.

Wenn Sie lächeln, profitieren nicht nur Sie, sondern auch die Menschen um Sie herum. Ihr Lächeln kann Ihre Mitmenschen entspannen. Darüber hinaus werden sie Ihre positive Energie spüren und könnten ebenfalls anfangen zu lächeln. Glauben Sie mir, Lächeln ist nicht nur kostenlos, es ist die ultimative Lösung, um sich gut zu fühlen – also lächeln Sie so oft wie möglich!

Schlaf

Schlaf ist ein Rätsel. Wir wissen, dass es wichtig ist, ausreichend zu schlafen, aber Wissenschaftler haben noch nicht alle Gründe dafür geklärt.

Lkw-Fahrer sind gesetzlich verpflichtet, Pausen einzulegen und sich auszuruhen, und angesichts der Risiken ist es nicht überraschend, dass auch die Polizei Autofahrer auf Müdigkeit überprüft.

Vielleicht fühlen Sie sich unter Druck gesetzt, weil Sie nicht immer acht Stunden schlafen können, aber die gute Nachricht ist, dass diese Regel nicht für jeden gilt.

Wie viele Stunden Schlaf Sie benötigen, hängt von vielen Faktoren ab, und Sie sollten sich nicht gezwungen fühlen, genau acht Stunden zu schlafen. Die meisten Menschen kommen auch mit sechs Stunden Schlaf aus. Sie können jedoch einige Gewohnheiten oder Verhaltensweisen anpassen, um schneller einzuschlafen und die Qualität Ihres Schlafes zu verbessern.

Diese einfachen Veränderungen in Ihrem Tagesablauf helfen Ihnen, die Ruhe zu bekommen, die Sie brauchen:

- Benutzen Sie mindestens eine Stunde vor dem Schlafengehen keine elektronischen Geräte. Es ist wichtig, den Körper und Geist auf den Schlaf vorzubereiten.
- Vermeiden Sie es, mindestens eine Stunde vor dem Schlafengehen fernzusehen, einschließlich der Nutzung von E-Book-Readern. Verbringen Sie diese Stunde damit, den Körper und Geist auf den Schlaf vorzubereiten, indem Sie ein Buch lesen, eine Tasse Kräutertee trinken und an diesem Programm arbeiten.
- Mindestens zwei Stunden vor dem Schlafengehen nichts essen. Planen Sie Ihren Tag so, dass die letzte Mahlzeit des Tages nicht zu spät kommt. Der Abend ist die Zeit, um Ruhe und Entspannung für den Schlaf zu finden. Vermeiden Sie daher Koffein.
- Verzichten Sie zum Abendessen auf Kaffee oder schwarzen Tee und trinken Sie stattdessen Wasser oder beruhigende Kräutertees. Vermeiden Sie Fruchtsäfte, da sie einen hohen Zuckergehalt aufweisen, der den Schlaf beeinträchtigen kann. Der Konsum koffeinhaltiger Getränke erschwert das Einschlafen, und sobald Sie einschlafen, kann Koffein zu Albträumen führen.
- Gestalten Sie Ihr Schlafzimmer nachts so dunkel wie möglich, um eine erholsame Nachtruhe zu fördern. Decken Sie auch alle blinkenden Lichter ab. Aufgrund der Vielzahl verschiedener Geräte in modernen Haushalten kann Ihr Schlafzimmer

nachts wie das Bedienfeld eines Raumschiffs wirken.

- Gehen Sie zu einer gleichbleibenden Zeit schlafen. Ihr Körper wird in einen natürlichen Rhythmus finden, und das Einschlafen wird leichter fallen. Vielleicht neigen Sie dazu, am Wochenende länger wach zu bleiben, um verpasste Sendungen nachzuholen, aber Sie sollten auch am Wochenende zur gleichen Zeit schlafen gehen und aufstehen.
- Steigerung der körperlichen Aktivität verbessert die Stimmung, die Gesundheit und kann helfen, Schlafstörungen zu reduzieren.
- Nehmen Sie sich fünf Minuten vor dem Schlafengehen, um Ihre Gedanken und den Plan für den nächsten Tag aufzuschreiben. Jüngste Studien haben gezeigt, dass das Schreiben einer To-Do-Liste Gedanken über die zu erledigenden Aktivitäten „herunterlädt", was die Sorgen reduziert und es Ihnen ermöglicht, schneller einzuschlafen.

Außerdem hat Alkohol eine direkte negative Wirkung auf Ihre Organe und Ihr Nervensystem. Jegliche kurzfristige Erleichterung, die Sie möglicherweise beim Alkoholkonsum verspüren, ist nur von kurzer Dauer, da sie schnell durch einen Anstieg der Angst ersetzt wird. Alkohol zu trinken, um besser zu schlafen, ist wie das Rauchen von Zigaretten, um die sportliche Leistung zu steigern. Alkohol blockiert den REM-Schlaf und stört die natürliche Produktion von Chemikalien, die für einen erholsamen Schlaf notwendig sind. Am Ende wachst du auf, ohne die nötige Ruhe zu bekommen. Sie denken vielleicht, dass Sie länger schlafen müssen, aber die wirkliche Lösung ist der Verzicht auf Alkohol und die gleiche Menge oder sogar weniger Schlaf wird Ihnen die Ruhe ermöglichen, von der Sie schon lange geträumt haben.

Stellen Sie sich vor, Sie wachen voller Energie und ausgeruht auf.

Allein dieser Grund reicht aus, um mit dem Trinken aufzuhören. Die Einnahme von Schlafmitteln ist ein heikles Thema, da die Liste möglicher Nebenwirkungen sehr umfangreich ist. Langzeitstudien zeigen, dass Schlaftabletten das Herzinfarktrisiko um 50 % erhöhen können. Sie können Ihre Gesundheit riskieren, um nur einen sehr begrenzten Nutzen zu erzielen. Wenn Sie zu diesem Zeitpunkt auf Schlaftabletten angewiesen sind, seien Sie sich der damit verbundenen Risiken bewusst und wenden Sie stattdessen die von uns besprochenen Taktiken an, damit Sie hoffentlich bald ohne Medikamente schlafen können.

Körperliche Aktivität

Das Fortschreiten einer Angststörung kann mit einer Abnahme der körperlichen Aktivität verbunden sein. Es ist unglaublich verlockend, einen Tagesablauf zu schaffen. Sie stehen auf, gehen zur Arbeit, kommen nach Hause, schauen fern oder spielen Spiele und gehen dann ins Bett. Du fühlst dich erschöpft und es scheint eine unmögliche Aufgabe zu sein.

Der gefühlte Zeitmangel stellt ein großes Hindernis dar. Für die meisten von uns scheint es oft nur die Wahl zwischen Sport und Erholung zu geben, aber das ist ein Dilemma, das sich von selbst löst, weil der anfängliche Widerstand beseitigt werden muss.

All diese Veränderungen erfordern, dass Sie Ihre täglichen Routinen im Blick behalten und ändern, was Sie tun und wie Sie Ihre Tage, Nächte und Abende verbringen.

Um Ihre körperliche und geistige Gesundheit zu verbessern, ist Bewegung ein wirksames Mittel. Alle diese gesunden Gewohnheiten sind nützlich, aber nur wenn Sie einige davon umsetzen, werden Sie signifikante Ergebnisse sehen, denn gesunde Gewohnheiten verstärken die positiven Effekte der anderen.

Gesundes Essen und Schlafen steigert Ihr Energieniveau, was Ihnen zusätzliche Energie für das Training gibt.

Sport bedeutet nicht, dass Sie täglich eine Stunde im Fitnessstudio verbringen müssen, sondern die tägliche körperliche Aktivität zu steigern.

Möglicherweise haben Sie keine Zeit oder Ressourcen, um regelmäßig ins Fitnessstudio zu gehen, aber Veränderungen in Ihrem Tagesablauf können erstaunliche Ergebnisse bringen. Eine Lösung für den Zeitmangel, um sich zu bewegen, besteht darin, bestehende Aktivitäten zu ersetzen: Anstatt fernzusehen, gehen Sie spazieren oder machen Sie einen Lauf. In der Mittagspause könnten Sie zwar zum Mittagessen gehen, aber auch die verbleibende Zeit nutzen, um ein paar Runden um den Block zu laufen.

Diese einfache Veränderung in Ihrer Routine wird Wunder wirken.

Sie kehren erfrischt und voller Energie an Ihren Arbeitsplatz zurück, um Ihre Aufgaben zu erledigen, anstatt den Rest des Tages nur durch die Stadt zu bummeln. Oft denken wir über Hindernisse nach und erkennen nicht die Lösungen, die direkt vor uns liegen.

Ein wenig Zeit im Freien zu verbringen und sich zu bewegen, ist wie das Drücken eines Neustart-Knopfes. Ausruhen ist genauso wichtig wie Arbeiten. Wenn Sie sich körperlich betätigen und Zeit im Freien verbringen, gönnen Sie sich die nötige Erholung von der Arbeit und können Ihre Aufgaben viel effizienter angehen. Das reduziert Stress und Überlastung, da Sie Ihre Aufgaben rechtzeitig erledigen und keine Fehler mehr korrigieren müssen. Übermüdet zu arbeiten, kann schlimmer sein als gar nichts zu tun, weil man dadurch viel anfälliger für Fehler wird, die es erfordern, alles später noch einmal zu überprüfen und zu korrigieren. Auf diese Weise sparen Sie durch Bewegung und Erholung Zeit. Zu wenig Bewegung schadet

Ihrem Immunsystem und verringert Ihre Fähigkeit, Infektionen zu bekämpfen.

Gehen Sie einfach überall hin, nehmen Sie die Treppe und nutzen Sie jede Gelegenheit, sich körperlich zu betätigen. Das Beste, was Sie tun können, ist, einer Sportmannschaft jeglicher Art beizutreten, sei es Basketball, Fußball oder eine andere Mannschaftssportart. Als Mitglied eines Teams erhalten Sie gegenseitige Unterstützung, verbringen viel Zeit mit neuen Freunden und stärken Ihre Ausdauer, da Sie sich in das Team integrieren und sich als Teil davon fühlen. Verantwortung gegenüber anderen zu übernehmen kann oft auch das Einzige sein, was uns davon abhält aufzugeben. Die Fähigkeit, Verantwortung zu übernehmen, fördert den Charakter und stärkt ihn.

Wie bereits gesagt, sind soziale Medien eine der häufigsten Ablenkungen geworden. Wir alle wissen, dass Technologie eine große Rolle im Leben der Menschen spielt. Ich bin der Meinung, dass sie auch die Grundlage für Prokrastination bildet. Da die Technologie verfügbar ist, müssen Sie sich keine Sorgen machen, Ihre Gewohnheit des Aufschiebens zu beenden. Warum? Es gibt viele Möglichkeiten, die Angewohnheit, Dinge aufzuschieben, zu überwinden. Ja, durch Motivation kann man das Aufschieben überwinden, aber die Apps und Tools scheinen praktischer zu sein als bloße Motivation. Ist das nicht so? Wenn Sie nach den besten Techniken gegen Prokrastination suchen, wissen Sie, dass es viele gibt.

Kleine Gewohnheiten, große Veränderungen

Sie wissen bereits, dass kleine Gewohnheiten einen großen Einfluss auf Ihr Leben haben können. Wenn Sie zum Beispiel zweimal am Tag Zähne putzen, werden Sie nicht sofort Veränderungen bemerken, aber im Laufe der Jahre werden Sie gesunde, schöne Zähne haben. Das ist korrekt: Wenn Sie einfache Gewohnheiten pflegen, haben diese zunächst keine großen Auswirkungen, aber sie werden sich mit der Zeit einstellen. Deshalb sind hier einige Tipps, die Sie befolgen sollten:

Seien Sie organisiert

Denken Sie, dass Pläne Ihre Produktivität nicht verändern können? Versuchen Sie, einen Plan zu erstellen, sei es für die Arbeit, die Sie nächste Woche erledigen müssen, oder für die Aufgaben, die Sie bis morgen erledigen sollten, und halten Sie sich dann an den Plan, um zu sehen, was passiert. Es mag einfach erscheinen und Sie fragen sich vielleicht, ob ein einfacher Plan einen so großen Unterschied machen kann. Doch ja, das kann er! Durch einen Plan organisieren Sie Ihre Aufgaben und erhalten eine klare Vorstellung vom Prozess. Wenn Sie zum Beispiel ein großes Projekt abschließen müssen, aber das Projekt einfach als unüberschaubar betrachten, werden Sie wahrscheinlich nicht wissen, wo Sie anfangen sollen, und es fällt Ihnen schwer, die Menge an Arbeit zu sehen, die Sie an einem Tag erledigen können. Wenn Sie es einfach nicht in kleinere, überschaubare Schritte unterteilen, können Langeweile und Aufschieberitis entstehen. Sie müssen Ihre Arbeit also organisieren. Glücklicherweise gibt es viele Tools und Anwendungen, die Ihnen dabei helfen können (mehr dazu später).

Machen Sie es einfach

Ein weiterer häufiger Grund für das Aufschieben sind komplexe Aufgaben. Natürlich gibt es Aufgaben, die komplex sein können, aber das bedeutet nicht, dass sie nicht vereinfacht werden können. Dafür müssen Sie sich einfache und erreichbare Ziele setzen. Statt zu sagen: „Ich werde das Projekt abschließen“, sollten Sie sagen: „Heute werde ich den ersten Teil des Projekts abschließen.“ Wenn Sie es einfach machen, wird es auch wirklich einfach.

Erstellen Sie einen Arbeitsplan

Sobald Sie ein Ziel haben, ist es wichtig, es zu planen, denn geplante Arbeit führt zu besseren Ergebnissen. Teilen Sie Ihre Aufgaben in kleinere Teile auf und setzen Sie Fristen. Wenn Sie Ihre eigenen Fristen festlegen, können Sie diese erreichen, bevor die tatsächliche Frist Sie in Stress versetzt. Manchmal treten unerwartete Situationen im Leben auf. Wenn Sie jedoch Ihre Aufgaben vor Ablauf der Frist erledigen, bleiben Sie entspannt.

Vermeiden Sie Ablenkungen

Vielleicht kennen Sie bereits die Dinge, die Sie ablenken. Wenn Sie beispielsweise viel Zeit auf Facebook verbringen, lassen Sie Ihr Telefon nicht in der Nähe, bis Sie Ihre Arbeit erledigt haben. Wenn Sie sich von Instagram ablenken lassen, bleiben Sie offline, bis Sie Ihre Arbeit abgeschlossen haben. Sobald Sie eine Benachrichtigung sehen, möchten Sie vielleicht Ihre Nachrichten überprüfen, auch wenn Sie noch viel zu tun haben. Daher ist es besser, alle Ablenkungen fernzuhalten und sich auf die Arbeit zu konzentrieren, die Sie erledigen müssen.

Die Pomodoro-Technik

Wenn Sie nicht wissen, was das bedeutet, hilft dieser Ansatz, 25 Minuten lang zu arbeiten und dann eine 5-minütige Pause einzulegen. Viele Menschen halten dies für eine sehr effektive Methode, um Prokrastination zu vermeiden. Meiner Meinung nach ist dies eine fantastische Technik, mit der Sie eine Menge erreichen können. Außerdem garantiert diese Methode die Qualität Ihrer Arbeit. Während der Pause sollten Sie sich nicht ablenken. Hören Sie zum Beispiel Musik, gehen Sie spazieren oder machen Sie eine kleine körperliche Aktivität, um Stress abzubauen. Was auch immer es ist, sorgen Sie dafür, dass Sie sich dabei entspannen und wohlfühlen, ohne dass die Aktivität Ihre Konzentration stört.

Belohnen Sie sich selbst

Ich glaube nicht, dass irgendjemand Belohnungen ablehnt. Daher empfehle ich dringend, sich selbst zu belohnen, wenn Sie Ihrem Plan folgen. Wenn Sie sich zum Beispiel vorgenommen haben, innerhalb von 5 Stunden 2500 Wörter zu schreiben, belohnen Sie sich, sobald Sie dieses Ziel erreicht haben! Sie könnten sich mit Eis oder einer Folge Ihrer Lieblingssendung belohnen. Kehren Sie jedoch unbedingt zu Ihrer Arbeit zurück, sobald die Belohnung genossen wurde.

Der Glaube, schwierige Aufgaben zuerst zu erledigen

Vielleicht haben Sie schon gehört, dass es am besten ist, mit den schwierigen Aufgaben zuerst zu beginnen und dann die leichteren Aufgaben zu erledigen. WIRKLICH? Lassen Sie mich das noch einmal fragen, WIRKLICH? Diese Methode funktioniert bei mir nicht. Wenn sie bei Ihnen funktioniert, können Sie diesen Punkt gerne ignorieren, aber wenn Sie es genau überlegen, werden Sie verstehen, was ich meine. Wenn Sie mit den einfacheren Aufgaben beginnen, werden Sie motivierter, auch die schwierigen Aufgaben zu erledigen. Wenn Sie jedoch versuchen, mit den schwierigen Aufgaben zu beginnen und diese schwieriger sind als erwartet, könnten Sie die Arbeit sogar weiter aufschieben, was oft der Fall ist. Am besten beginnen Sie mit den leichteren Aufgaben, die gut zu bewältigen sind.

Kleine Veränderungen für mehr Produktivität

Dies sind die kleinen Gewohnheiten und Veränderungen,

die Sie entwickeln sollten, um produktiver zu werden. Aber es gibt noch viele weitere Tipps, um Prokrastination zu überwinden, die ich mit Ihnen teilen möchte.

Die Technik des ersten Schritts

Wenn Sie etwas tun wollen, müssen Sie einfach anfangen. Der Beginn eines Projekts wird oft aufgeschoben, deshalb ist es wichtig, die Technik des ersten Schritts nicht zu unterschätzen. Wie geht das? Ein Projekt zu starten ist nie einfach. Wann immer Sie vorhaben, eine Aufgabe zu erledigen, brauchen Sie etwas, das Ihre Stimmung verbessert. Der Einstieg kann anfangs schwierig sein, aber wenn Sie einmal anfangen, wird es zunehmend leichter. Vergleichen Sie, wie Sie sich fühlen, wenn Sie mit der Aufgabe beginnen, und wie Sie sich fühlen, wenn Sie die Aufgabe immer weiter aufschieben.

Der Beginn eines Projekts ist entscheidend, es spielt keine Rolle, ob Sie nur einen sehr kleinen Teil erledigen. Es gibt einen Trick, der Ihnen hilft, sich auf das Ziel und die Arbeit zu fokussieren: Wenn Sie darüber nachdenken, was noch zu tun ist, werden Sie wahrscheinlich dazu kommen, mit der Arbeit zu beginnen, da Nachdenken ermüdend ist. Deshalb fangen Sie einfach an.

Angenommen, Sie müssen einen Artikel bearbeiten. Wenn Sie nicht anfangen, werden Sie nie fertig. Nehmen Sie also den Entwurf und ändern Sie ein paar Wörter. Am Ende könnten Sie die Hauptabschnitte überarbeiten und den Artikel fast fertigstellen, ohne sich zu zwingen – was unglaublich ist!

Nutzen Sie einen Timer. Was können Sie mit einem Timer tun, wenn Sie nicht zur Arbeit kommen können? Ganz einfach: Stellen Sie den Timer auf höchstens zehn Minuten und bleiben Sie sitzen, sobald der Timer läuft. Auch wenn Sie noch nicht mit der Arbeit beginnen wollen, bleiben Sie einfach sitzen. Es ist ein einfacher Trick, denn wenn Sie sich in Ihrem

Arbeitsbereich befinden, können Sie nicht anders, als mit der Arbeit zu beginnen.

Diese Tipps und Tricks könnten Ihnen helfen, Ihre Arbeit zu verbessern. Das einfachste Mantra lautet: Start!

Nützliche tools und anwendungen

Nachdem Sie nun fast alle möglichen Methoden und Tricks kennengelernt haben, ist es an der Zeit, sich mit den verfügbaren Tools und Anwendungen vertraut zu machen. Es wird nicht einfach sein, das Aufschieben zu überwinden, bis die Technologie Ihnen hilft, die Ursache für Ihre Aufschiebe-ritis zu bekämpfen. Es gibt viele tolle Tools und Apps, aber hier sprechen wir nur über einige, auf die Sie sich wirklich verlassen können.

Procraster

Dies ist eine der Apps, die dabei helfen, das Aufschieben zu überwinden. Die App hilft Ihnen, indem sie Ihnen nützliche Tipps und Ratschläge für die von Ihnen gewählte Methode gibt. Sie finden einen Rhythmus für Ihre Arbeit und können Produktivitätsstatistiken überprüfen, die Sie motivieren, Ihre Ziele zu erreichen.

Freedom

Diese App hilft Ihnen, sich auf das Wesentliche zu konzentrieren und Ablenkungen zu vermeiden. Sobald die App dies für Sie erledigt, können Sie sich auf Ihre Arbeit konzentrieren. Menschen zögern oft, wenn sie langsam von einer wichtigen Aufgabe zu einer anderen, unterhaltsamen Aktivität übergehen. Angenommen, Sie arbeiten an einem Projekt, während Sie gleichzeitig durch Facebook scrollen. Glauben Sie wirklich, dass Sie bei der Arbeit Ihr Bestes geben können, wenn Ihre

Aufmerksamkeit woanders ist? Ich glaube nicht. Wenn Ihre Aufmerksamkeit auf andere unwichtige Aufgaben verteilt ist, werden Sie nicht in der Lage sein, Ihre beste Leistung zu erbringen. Die Freedom-App hilft Ihnen, indem sie Websites wie Twitter, Facebook und andere zeitaufwändige Seiten blockiert. Es gibt also keinen Grund, dies nicht in Betracht zu ziehen.

Todoist

Todoist ist eine der beliebtesten Apps, die Sie vielleicht schon oft verwendet haben. Normalerweise zögern Menschen, weil sie keinen richtigen Plan haben oder weil sie nicht wissen, was die nächste Aufgabe sein wird. Wenn Sie einen strukturierten Plan haben, können Sie die Aufgabe, die Sie als Nächstes erledigen müssen, im Auge behalten und mithilfe der Todoist-Anwendung einen Zeitplan für die Erledigung Ihrer Arbeit erstellen. Mit dieser App können Sie Hausaufgaben verfolgen und mit Ihrem Telefon und anderen Geräten synchronisieren.

Spotify

Mit dieser Anwendung können Sie Ihre Arbeit angenehmer gestalten. Wenn Sie Ihre Arbeit langweilig finden, können Sie auf Spotify motivierende Musik hören, um das Aufschieben zu vermeiden. Wenn Sie außerdem nach motivierenden Liedern suchen, werden Sie mit größerer Wahrscheinlichkeit Erfolg haben.

Tomato Timer

Ich habe bereits über die Pomodoro-Technik gesprochen, und diese App knüpft daran an. Normalerweise zögern wir, wenn wir keine Lust haben, eine große Aufgabe zu erledigen, wir aber trotzdem unsere Verpflichtungen erfüllen müssen. Aus diesem Grund teilen wir größere Aufgaben in kleinere Schritte auf. Die Pomodoro-Timer-App hilft Ihnen, Aufgaben in kleinere Schritte zu unterteilen und so die Arbeit effizienter zu erledigen. Stellen Sie einfach einen Timer ein und schon können Sie die Arbeit erledigen.

Es gibt viele weitere Tools und Apps, die Sie nutzen können, aber diese hier halte ich für die nützlichsten und interessantesten!

Wählen Sie das passende Tool oder die App für sich aus und nutzen Sie es!

KAPITEL 6: ÜBUNGEN UND AKTIVITÄTEN ZUR ANGSTVERARBEITUNG

ÜBUNG

1. Schließen Sie die Augen und atmen Sie tief ein und langsam aus.
2. Stellen Sie sich eine Situation vor, die Ihnen Angst oder Panik bereitet.
3. Stellen Sie sicher, dass Sie sich auf etwas weniger Beunruhigendes konzentrieren, um eine leichte Besorgnis zu erzeugen, anstatt Symptome einer Panikattacke zu provozieren.
4. Stellen Sie sich dieses angstbesetzte Szenario vor und visualisieren Sie, dass Sie sich gerade darin befinden.
5. Richten Sie nun Ihre Aufmerksamkeit auf Ihren Körper. Was bemerken Sie? Welche Gedanken haben Sie? Welche Gefühle kommen auf? Bleiben Sie bei diesen Erfahrungen.
6. Öffnen Sie Ihre Augen und atmen Sie mehrmals tief und langsam, um in einen Zustand der Ruhe und Entspannung zurückzukehren.

Denken Sie daran, dass Ihnen diese entspannende körperliche Technik jederzeit zur Verfügung steht.

INTEROZEPTIVE EXPOSITION 1

Im Folgenden finden Sie einige der häufigsten körperlichen Reaktionen auf eine Panikattacke. Wenn Sie diese Übung zum ersten Mal durchführen, wählen Sie nur eine oder zwei Reaktionen aus, auf die Sie sich konzentrieren möchten. Wählen Sie zu Beginn eine aus und fahren Sie fort, sobald Sie diese abgeschlossen haben.

Schwierigkeiten beim Atmen

1. Atmen Sie 30 Sekunden lang schnell und flach, um einen Zustand der Hyperventilation zu simulieren.
2. Untersuchen Sie Ihren Körper vom Kopf bis zu den Zehen. Beobachten Sie ohne Selbstkritik alle körperlichen Empfindungen, sowohl große als auch kleine.
3. Konzentrieren Sie sich auf die Empfindungen in Ihrem Körper: Bewerten Sie sie nicht und versuchen Sie nicht, sie zu verändern. Seien Sie in diesem Moment präsent, statt ihnen auszuweichen.
4. Atmen Sie nach einigen Minuten langsam und tief durch, um sich auf die nächste Übung vorzubereiten.

Beschleunigte Herzfrequenz

1. Laufen Sie auf der Stelle oder steigen Sie Treppen hinauf und hinab und/oder machen Sie Jumping Jacks für zwei Minuten oder bis Ihre Herzfrequenz so stark ansteigt, dass Sie sie spüren können.

2. Richten Sie Ihre Aufmerksamkeit je nach Vorliebe im Stehen oder Sitzen auf Ihre Brust. Beobachten Sie ohne Selbstkritik alle körperlichen Empfindungen. Was spüren Sie in Ihrer Brust? Wie verbreiten sich die Auswirkungen auf den Rest des Körpers?
3. Konzentrieren Sie sich auf die Empfindungen in Ihrem Körper, bewerten Sie sie nicht und versuchen Sie nicht, sie zu verändern. Seien Sie in diesem Moment präsent.
4. Atmen Sie nach ein paar Minuten langsam und tief durch.

Schwindel

1. Drehen Sie sich auf einem Bürostuhl oder stellen Sie sich auf eine relativ offene Fläche und beginnen Sie, sich zu drehen. Tun Sie dies für etwa eine Minute oder bis Ihnen leicht schwindelig wird, aber hören Sie auf, bevor Sie das Gefühl haben, zu fallen oder sich krank zu fühlen.
2. Stehen oder sitzen Sie. Die Wahl liegt bei Ihnen.
3. Konzentrieren Sie sich auf die Empfindungen in Ihrem Körper, bewerten Sie sie nicht und versuchen Sie nicht, sie zu verändern. Seien Sie präsent und beobachten Sie diese Empfindungen, statt ihnen auszuweichen.
4. Atmen Sie nach ein paar Minuten langsam und tief durch.

Kopf- und Sehprobleme

1. Setzen Sie sich und beugen Sie sich nach vorne, sodass Ihre Stirn sanft auf Ihren Knien liegt. Bleiben

Sie 30–60 Sekunden in dieser Position und stehen Sie dann schnell und abrupt auf.
2. Nehmen Sie sofort ein Buch, eine Zeitung oder eine Zeitschrift zur Hand und versuchen Sie, darin zu lesen.
3. Konzentrieren Sie sich auf die Empfindungen in Ihrem Körper, bewerten Sie sie nicht und versuchen Sie nicht, sie zu verändern. Seien Sie präsent und beobachten Sie diese Empfindungen.
4. Atmen Sie nach ein paar Minuten langsam und tief durch.

INTEROZEPTIVE EXPOSITION 2

Herzlichen Glückwunsch, dass Sie am zweiten Übungstag wieder hier sind! Ihr Selbstengagement und Ihre Bereitschaft, voranzukommen, auch wenn es schwierig ist, werden letztlich Ihre Ängste verringern und Ihr Leben verbessern.

Der zweite Teil dieser Expositionsübung ähnelt dem ersten Teil der ersten Übung. Wählen Sie nun die beiden Körperempfindungen aus, die Sie gestern nicht gewählt haben. Sobald Sie diese abgeschlossen haben, fahren Sie mit der nächsten Übung fort.

Eine ruhige Bergwiese (15 Minuten)

1. Stellen Sie den Timer auf 15 Minuten ein.
2. Schließen Sie die Augen und atmen Sie mehrmals langsam und tief ein und aus. Atmen Sie durch die Nase ein, halten Sie den Atem kurz an und atmen Sie dann durch den Mund aus.
3. Stellen Sie sich vor, Sie wären mitten auf einer wunderschönen Bergwiese. Lila, weiße, rote und gelbe Blumen wiegen sich sanft im Wind. Der Himmel ist tiefblau. Flauschige weiße Wolken

gleiten langsam über den Himmel. Drehen Sie sich langsam um und schauen Sie sich um. Was sehen Sie noch?

4. Atmen Sie langsam und tief weiter. Riechen Sie den milden Duft der Blumen und lassen Sie ihn Ihre Sinne erfüllen.
5. Spüren Sie die angenehme Wärme der Sonne auf Ihrer Haut. Drehen Sie Ihr Gesicht der warmen Sonne zu und lassen Sie ein Lächeln auf Ihrem Gesicht erscheinen, während Sie die Temperatur genießen. Sie werden eine warme Brise auf Ihrer Haut spüren.
6. Beginnen Sie, leise Geräusche wahrzunehmen, das Plätschern eines nahegelegenen Baches. In der Ferne hören Sie das Summen der Bienen. Achten Sie auf ihr Summen. Sie wissen, dass es keinen Grund zur Sorge gibt, die Bienen auf dieser Wiese sind etwas Besonderes. Sie stechen nicht. Sie können sich frei und sorgenfrei bewegen.
7. Du entdeckst einen Felsbrocken in der Nähe. Wenn Sie darauf zugehen, küssen die Blumen Ihre nackten Füße und kitzeln Sie. Ein Vogel fliegt über uns hinweg. Du erreichst den Felsbrocken und bemerkst, dass sich oben ein perfekter Riss befindet, der genau so groß wie du selbst ist. Steigen Sie vorsichtig hinauf und bewegen Sie sich leicht, um sich wohl zu fühlen. Sie können problemlos hineinsteigen und der Felsblock umschließt Sie bequem. Es fühlt sich ganz einfach an. Legen Sie Ihre Füße und Hände flach auf den Felsen und genießen Sie die Wärme. Neigen Sie Ihr Gesicht noch einmal zur Sonne und lächeln Sie.
8. So sitzen Sie und genießen den Anblick, die Geräusche, die Gerüche und die körperlichen Empfindungen dieser friedlichen Bergwiese. Atmen

Sie tief und langsam ein und genießen Sie diesen Ort der Ruhe. Ihre Muskeln entspannen sich und Ihr ganzer Körper scheint in Ihrer neuen bequemen Passform zu verschmelzen.

9. Wenn der Timer abläuft, schauen Sie sich um. Achten Sie auf Ihre Umgebung. Spüren Sie den Stuhl, das Bett, das Sofa oder den Boden unter Ihnen.
10. Orientieren Sie sich an Ihrer aktuellen Position und atmen Sie mehrmals langsam und tief durch, bevor Sie aufstehen.

Ein eigener Raum (15 Minuten)

Die heutige Entspannungsübung ist der Bergwiesenvisualisierung von gestern sehr ähnlich. Der einzige Unterschied ist die Einstellung.

1. Stellen Sie den Timer auf 15 Minuten ein.
2. Schließen Sie die Augen und atmen Sie mehrmals langsam und tief ein. Atmen Sie durch die Nase ein. Brechen Sie den Atem kurz und atmen Sie dann durch den Mund aus.
3. Stellen Sie sich vor, Sie wären in Ihrem Haus. Erkennen Sie die Farben Ihrer Wände, Böden, Tische und anderer Oberflächen. Ihr Blick wandert und landet dann auf einigen Ihrer Lieblingsobjekte. Sie lächeln und genießen die positiven Gefühle, die diese in Ihnen hervorrufen. Beginnen Sie nun, ganz langsam zu gehen. Was sehen Sie noch?
4. Atmen Sie langsam und tief weiter. Nehmen Sie die einzigartigen Gerüche in Ihrem Zuhause wahr. Sie mögen den Geruch Ihres Hauses. Es ist angenehm und lässt Sie wohl fühlen. Was riechen Sie? Kerzen? Saubere Wäsche?

5. Sie sehen Ihre Lieblingsdecke über einem Stuhl drapiert. Nehmen Sie sie. Reiben Sie sanft mit den Händen darüber und spüren Sie ihre Weichheit und Textur. Heben Sie sie auf und wickeln Sie sie um Ihre Schultern. Es ist wie eine süße Umarmung und fühlt sich sicher an.
6. Sie haben einen besonderen Raum in Ihrem Zuhause, einen Raum, den Sie nur für sich dekoriert haben. Wo? Gehen Sie nun langsam auf diesen Raum zu. Spüren Sie den Boden unter Ihren nackten Füßen. Hören Sie Ihre Schritte auf dem Boden. Strecken Sie Ihre Hand aus und fahren Sie an einer Wand entlang. Wie fühlt sich die Textur auf Ihren Fingerspitzen an? Wie klingt es?
7. Gehen Sie in Ihren Entspannungsraum und treten Sie ein. Atmen Sie mehrmals langsam und tief ein. Schauen Sie sich um. Welche Farben beleben diesen Raum? Welche Gegenstände haben Sie hier platziert? Zeigen Sie sie an, indem Sie sie berühren und hochheben, wenn sie nicht zu groß und schwer sind. Wenn Sie Kerzen in diesem Raum haben, zünden Sie sie jetzt an. Lassen Sie Ihren Blick auf den Platz fallen, an dem Sie sitzen könnten. Ist es ein Sofa? Ein Stuhl? Ein Kissen? Irgendetwas anderes? Gehen Sie jetzt dorthin und beruhigen Sie sich. Bewegen Sie Ihren Körper, bis Sie eine bequeme Position gefunden haben. Dieser Raum gehört Ihnen und wurde speziell für Ihre Entspannung geschaffen, damit Ihr Körper perfekt hineinpasst. Nehmen Sie die Decke von Ihren Schultern und legen Sie sie über Ihren Oberkörper und Ihre Beine. Genießen Sie diesen Komfort und diese Wärme. Ihr ganzer Körper ist weich und entspannt.

8. Wenn der Timer abläuft, schauen Sie sich um. Achten Sie auf Ihre Umgebung. Spüren Sie den Stuhl, das Bett, das Sofa oder den Boden unter Ihnen. Orientieren Sie sich an Ihrer aktuellen Position und atmen Sie mehrmals langsam und tief durch, bevor Sie aufstehen.

Finden Sie Unterstützung

Im Laufe dieser Übungen haben Sie die Möglichkeiten für positive Veränderungen in Ihrem Leben unendlich erweitert, das Wissen und die Fähigkeiten erworben, um Ihre Ängste aktiv abzubauen und beginnen, im Moment zu leben. Allerdings bringen diese Lektionen auch neue Herausforderungen und Frustrationen mit sich. Wenn Sie eine stabile Achtsamkeitsroutine entwickelt haben, ist es nicht ungewöhnlich, dass von Zeit zu Zeit Momente der Angst auftreten. Diese Probleme sind vorübergehend, aber sie fühlen sich nicht immer so an, wenn sie auftreten. Es ist wichtig, sich darüber im Klaren zu sein, dass sie vorbeikommen und über ein Netzwerk von Unterstützern verfügen, auf die man zählen und denen man vertrauen kann, wenn Angst aufkommt.

Unterstützung kann viele Formen annehmen: Freundschaften, Therapeuten, Organisationen und Selbsthilfegruppen. Finden Sie Unterstützung sowohl online als auch in der realen Welt, in der Sie leben. Nicht alle Unterstützungssysteme sind für alle Menschen gleich gut geeignet. Manche Menschen könnten von regelmäßigen Sitzungen mit einem Therapeuten profitieren, während andere in Gruppensituationen besser abschneiden.

KAPITEL 7: VERFOLGEN SIE IHREN ZIELFORTSCHRITT

Herzlichen Glückwunsch, Sie haben einen wichtigen Schritt gemacht! Schauen Sie, wie weit Sie bereits gekommen sind. Schließen Sie die Augen und atmen Sie langsam und tief ein und aus. Wie fühlt es sich an, auf diesem Weg vorangekommen zu sein? Wie steht es heute um Ihre Angst? Ich vermute, dass Sie immer noch ein gewisses Maß an Angst haben. Wissen Sie warum? Sie sind ein Mensch. Angst kann aufgrund der Funktionsweise unseres Gehirns nie ganz verschwinden, da sie ein natürlicher Teil unserer physiologischen Reaktionen ist, den wir nicht ändern können.

Angst ist Teil des Lebens eines jeden Menschen, und Sie werden sie in unterschiedlichem Ausmaß im Laufe Ihres Lebens erfahren. Der Unterschied liegt jedoch jetzt darin, dass Sie nicht mehr von der Angst gelähmt sind, weil Sie wissen, wie Sie ihren Einfluss abschwächen und sich aus ihrem Griff befreien können. Willkommen in Ihrem neuen Leben, in dem Sie die Kontrolle über Ihre Angst übernommen haben.

Nutzen Sie weiterhin die Werkzeuge aus diesem Buch und üben Sie regelmäßig. Um den Schwung aufrechtzuerhalten, machen Sie ein oder zwei Übungen pro Tag. Nehmen Sie sich Zeit für diese Übungen, damit sie zur Routine werden.

Vielleicht gleich nach dem Aufwachen oder als entspannendes Ritual vor dem Schlafengehen. Sie werden feststellen, dass Achtsamkeit, Mitgefühl und Akzeptanz kraftvolle Werkzeuge sind, um Ihre Angst jederzeit zu lindern. Wenn Sie mit Achtsamkeitsübungen vertraut sind, können Sie sich selbst auffordern, in einer angstauslösenden Situation ruhig zu bleiben.

Allerdings sind Achtsamkeit und ihre Komponenten viel mehr als nur Werkzeuge. Achtsamkeit ist ein Lebensstil. Wenn Sie bewusst leben, sind Sie weniger von Angst betroffen, und selbst wenn sie auftritt, werden Sie instinktiv wissen, dass es sich um eine Erfahrung handelt, die Sie nicht definiert oder Ihr Verhalten beeinflusst. Wenn Sie im Einklang mit sich selbst und dem Moment leben, können Sie einfach in diesem Moment sein.

Üben Sie weiterhin die gelernten Techniken: Sie sind auf dem richtigen Weg, sich von den Fesseln der Angst zu befreien und in der Lebensqualität voranzukommen, die Sie sich wünschen!

ZIELANGST-HERAUSFORDERUNGEN

Es ist unmöglich, die Angst vollständig zu beseitigen, aber wir können ihren Einfluss auf unser Leben erheblich reduzieren. Ein Teil des Umgangs mit unserer Angst besteht darin, vorauszusehen, wann sie auftreten könnte, und einen Plan zu entwickeln, wie wir darauf reagieren, wenn sie auftritt. Dieser Prozess umfasst die Untersuchung Ihrer Angstauslöser und die Feststellung, welche Strategien am besten zur Angstreduzierung beitragen.

Möglichkeiten, Angst zu erkennen, bevor sie zuschlägt:

- Verstehen Sie Ihre spezifischen Symptome: Was denken Sie, wenn die Angst zunimmt? In welchen

Situationen verstärken sich Ihre Symptome? Wann nehmen sie ab?

- Wissen, was funktioniert: Welche Strategien sind in Zeiten hoher Angst besonders nützlich? Vielleicht tiefes Atmen oder spezielle Achtsamkeitsübungen aus diesem Buch? Es kann auch hilfreich sein, mit einer Begleitperson zu sprechen oder einfach ihre Nähe zu genießen.

Der nächste Schritt besteht darin, einen Plan zu erstellen, wie mit der Angst umgegangen werden soll, wenn sie auftritt. Es ist eine gute Idee, einen schriftlichen Plan zu erstellen, den Sie griffbereit halten und bei Bedarf lesen können, was auch dabei hilft, ihn im Gedächtnis zu behalten. Ihr Plan könnte folgendermaßen aussehen (tragen Sie in den Leerstellen Ihre eigenen Gedanken ein):

Wenn ich anfange, Angst in meinem Körper oder Geist zu bemerken, werde ich Folgendes tun:

Auf diese Weise werde ich Achtsamkeit einsetzen, um die Angst im Moment zu reduzieren:

Wenn es mir besonders schlecht geht, schreibe ich oder rufe an:

Folgendes werde ich jeden Tag tun, um einen gesunden Lebensstil und eine positive Einstellung aufrechtzuerhalten und Angstzustände in Schach zu halten:

Das Erstellen einer Übersicht darüber, wie und wann Sie Ihre Achtsamkeit einsetzen sollten, wird Ihnen dabei helfen, Ihre Angst unter Kontrolle zu halten. Von Zeit zu Zeit treten Ängste auf, die sich jedoch nicht auf Ihr Verhalten auswirken sollten.

FINDEN SIE HERAUS, WAS FÜR SIE FUNKTIONIERT

Achtsamkeit ist ein universeller Ansatz, der jedem helfen kann, Ängste abzubauen und die Lebensqualität zu verbessern. Da jedoch jeder anders Angst empfindet, sind Strategien zur Bewältigung der Symptome individuell. Um herauszufinden, was am besten funktioniert, experimentieren Sie mit den in diesem Buch beschriebenen Methoden, bis Sie die richtige Kombination von Techniken gefunden haben, die Ihnen helfen, Ängste abzubauen und sich gut in Ihr Leben zu integrieren. Hier sind die ersten Schritte zur Personalisierung Ihres Angstmanagementplans:

- Erstellen Sie eine Liste: Schreiben Sie zunächst die Übungen auf, die Sie am meisten beeindruckt haben. Wenn Sie eine Liste mit Strategien, die für Sie funktionieren, an einem zugänglichen Ort aufbewahren, können Sie Ihre Ängste besser bewältigen, wenn Sie zu nervös sind, um sich zu erinnern, was als Nächstes zu tun ist. Eine kurze, übersichtliche Liste sorgfältig ausgewählter Übungen ist besser als eine lange, weniger fokussierte.
- Erstellen Sie einen Zeitplan: Sobald Sie Ihre Liste haben, ist es wichtig, einen festen Zeitplan für regelmäßige Übungen zu erstellen. Diese Übungen sollten wie alles andere Teil Ihrer täglichen Routine werden: Je mehr Sie sie üben, desto deutlicher werden Sie die Vorteile spüren. Jeden Tag mindestens eine Übung zu machen, bis sie zur Gewohnheit wird, ist der beste Weg, eine regelmäßige Praxis zu entwickeln, die letztendlich sowohl Ihre Beziehung zu Angstzuständen als auch Ihr Leben verändern wird.

Darüber hinaus können Ihnen diese Tipps dabei helfen, ein nachhaltiges und bewusstes Wartungsprogramm zu erstellen und anzupassen:

- Wählen Sie eine Tageszeit, um achtsam zu üben: Eine regelmäßige Zeit hilft Ihnen, Ihren Zeitplan einzuhalten.
- Wählen Sie eine Umgebung, in der Sie bequem sitzen oder liegen können: Füllen Sie den Raum mit

Möbeln, Dekorationen und Gegenständen, die Ihnen Ruhe geben.

- Machen Sie diese Übung zu einem Ritual: Trinken Sie Tee oder ein anderes beruhigendes, alkoholfreies, koffeinfreies Getränk, hören Sie entspannende, meditative Musik oder bleiben Sie still, je nachdem, was Sie bevorzugen. Zünden Sie vielleicht eine Kerze an oder verwenden Sie einen Diffusor für ätherische Öle.
- Seien Sie flexibel: Wenn Sie ein Meeting oder eine andere Verpflichtung haben, die während Ihrer normalen Übungszeit ansteht, passen Sie Ihren Zeitplan an, ohne sich Sorgen zu machen. Regelmäßiges Üben ermutigt Sie, eine Gewohnheit der Achtsamkeit zu entwickeln, aber das bedeutet nicht, dass Sie starr sein müssen.
- Finden Sie Möglichkeiten, diese Praxis zu bereichern und zu genießen: Betrachten Sie es als eine angenehme Zeit und nicht als Belastung oder lästige Pflicht. Im hektischen Leben kann eine Pause der Ruhe und Besinnung außerhalb der erwarteten Zeiten ein wahres Vergnügen sein! Erinnern Sie sich an den Grund für das achtsame Üben: ein qualitativ hochwertiges Leben zu führen, frei von der Kontrolle durch Ängste. Wenn Sie Ihr Ziel kennen und stets im Auge behalten, bleiben Sie motiviert, eine regelmäßige und konsequente Praxis fortzusetzen.

KAPITEL 8: SO VEREINFACHEN SIE IHR LEBEN

Wenn eine Angststörung auftritt, kann es sich anfühlen, als ob die ganze Welt über Ihnen zusammenbricht. Das ist ein schreckliches Gefühl, das Sie hilflos macht, auch wenn keine wirkliche Gefahr besteht. Angst entsteht durch unkontrollierte Gedanken, die sich nur schwer lösen lassen. Die gute Nachricht ist jedoch, dass Sie positive Veränderungen in Ihrem Lebensstil vornehmen können, um Ängste zu bekämpfen, anstatt sich ein Leben lang damit abfinden zu müssen.

Denken Sie daran, dass Ihr Lebensstil einen großen Einfluss auf die Bewältigung von Angstzuständen hat. Es gibt viele Gewohnheiten, die wir mit der Zeit entwickeln und die letztendlich unsere Angst verstärken. Beispielsweise ist Rauchen für manche Menschen eine Möglichkeit, Stress abzubauen. Sie wissen es wahrscheinlich nicht, aber Rauchen verstärkt die Angst. Auch wenn man sich bei Stress mit Zucker oder Fast Food vollstopft, hilft das keineswegs, mit der Situation umzugehen.

Von der Entscheidung, sich gesund zu ernähren, bis hin zum Verständnis für die Bedeutung tiefer Atmung – es gibt viele einfache Anpassungen, die Sie vornehmen können, um Angstzustände zu bekämpfen. Die gute Nachricht ist, dass diese Änderungen zu einer allgemeinen Verbesserung der Gesundheit führen. Stellen Sie sicher, dass Sie sich verpflichten, diese Veränderungen umzusetzen, und Sie werden die erstaunliche Veränderung in Ihrem Leben beobachten.

Ausreichend schlafen

Mit ausreichend Schlaf meine ich mindestens sechs bis sieben Stunden erholsamen Schlaf, denn Schlaflosigkeit ist eines der häufigsten Symptome von Angst. Aus diesem Grund gehen Angstzustände und Schlaflosigkeit oft Hand in Hand. Eine gute Nachtruhe kann helfen, Angstzustände in Schach zu halten.

Um gut schlafen zu können, können Sie kreative Maßnahmen ergreifen, um Ihren Schlaf zu verbessern. Lassen Sie sich von den unten hervorgehobenen Schritten inspirieren:

- Duschen Sie vor dem Schlafengehen.
- Trinken Sie ein Glas warme Milch vor dem Schlafengehen.
- Machen Sie Ihr Schlafzimmer frei von Lärm und jeglicher Ablenkung.
- Erstellen Sie einen Schlafplan und halten Sie sich daran.
- Achten Sie darauf, dass Ihr Schlafzimmer gut belüftet ist.
- Die Raumtemperatur sollte weder zu heiß noch zu kalt sein.
- Schlafen Sie nicht bei blauem Licht. Verwenden Sie ein gedämpftes Licht, wenn Sie im Dunkeln nicht schlafen können.
- Vermeiden Sie alle Bildschirme (Handy und Fernseher) mindestens 30 Minuten vor dem Schlafengehen.

- Verzichten Sie ab Mittag auf den Konsum von Koffein, da es die Schlafqualität beeinträchtigt.
- Machen Sie abends keinen Sport: Vermeiden Sie alle Aktivitäten, die Sie erheblich belasten könnten. Alternativ können Sie Yoga praktizieren.
- Essen Sie nicht spät abends. Wenn Sie essen müssen, wählen Sie leichte, leicht verdauliche Lebensmittel wie Honig oder MCT-Öl.
- Belassen Sie elektronische Geräte im Lautlos- oder Flugmodus.
- Nehmen Sie ein Magnesiumpräparat ein.

Vermeiden Sie es, zu Hause zu arbeiten

Eine der größten Ursachen für Stress und Angst ist für viele Menschen der Beruf, da der Arbeitsdruck ihre psychische Gesundheit beeinträchtigt und Stress sowie Ängste auslöst. Sorgen Sie in diesem Zusammenhang für eine ausgewogene Work-Life-Balance: Verzichten Sie darauf, E-Mails zu checken oder arbeitsbezogene Nachrichten zu lesen, wenn Sie nach Hause kommen. Nehmen Sie sich Zeit zum Entspannen und verbringen Sie Zeit mit Ihrem Partner oder Kind.

Vermeiden Sie es, in den Urlaub zu fahren. Es ist eine gute Möglichkeit, den Arbeitsstress abzubauen und neue Energie zu tanken.

Achten Sie auf Ihre Ernährung

Viele wissen nicht, dass das, was Sie Ihrem Körper zuführen, auch Angst auslösen kann. Manche Lebensmittel halten den Körper konstant in einem toxischen Zustand. Wenn Sie gerne rauchen und Ihre Schmerzen mit Alkohol betäuben, hilft das Ihrem Körper nicht. Auch wenn Alkohol Sie für eine Weile die Schmerzen vergessen lässt, führt er auf lange Sicht zu Angstzuständen.

Das Gehirn ist einer der aktivsten Teile des Körpers, da es eine konstante Zufuhr von Nährstoffen benötigt, um seine Funktion aufrechtzuerhalten. Wenn Sie sich schlecht ernähren, haben Sie nicht die Energie, richtig zu funktionieren, und als Folge davon wird Ihr Neurotransmitter-System leiden, was die Voraussetzungen für Angstzustände schafft.

- Achten Sie unbedingt auf eine gesunde, vollwertige Ernährung. Darüber hinaus ist es wichtig, regelmäßig Flüssigkeit zu sich zu nehmen. Ihre Mahlzeiten sollten wenig Transfette enthalten und mit ausreichend Kalzium angereichert sein. Reduzieren Sie Koffein, verarbeitete und verpackte Lebensmittel, raffinierten Zucker und rotes Fleisch. Besser ist es, mehr Früchte, Nüsse, Hülsenfrüchte und Samen zu essen.
- Reduzieren Sie den Konsum von zuckerhaltigen Getränken. Tee sollte nicht voller Zucker sein, und kohlensäurehaltige Getränke sollten vermieden werden.
- Versuchen Sie, auf koffeinfreie Getränke umzusteigen. Übermäßiger Koffeinkonsum ist ebenfalls eine Hauptursache für Angstzustände. Wenn Sie bereits kaffeesüchtig sind, versuchen Sie, den Konsum schrittweise zu verringern.

Beschränken Sie die Nutzung von sozialen Medien

Eine der Hauptursachen für Angstzustände ist der übermäßige Konsum sozialer Medien. Wenn Sie sich nicht bewusst sind, könnte das, was Ihnen die sozialen Medien präsentieren, Sie stressen und Ihre Angst verstärken. Es gibt beispielsweise verschiedene Meinungen zu Themen wie Religion, Politik, persönlichen Angelegenheiten und aktuellen Ereignissen, oder, wenn Sie nicht aufpassen, kann der Besuch des Familienurlaubs eines Freundes Ihnen den Eindruck vermitteln, dass es anderen gut geht und sie glücklich sind, während Sie sich in Schwierigkeiten befinden. Dies könnte dazu führen, dass Sie Angst haben, sich selbst zu verlieren, was Ihre Ängste noch verstärkt. Achten Sie also darauf, was Sie in den sozialen Medien sehen, und lassen Sie sich nicht von Ängsten beeinflussen.

Strategien zur Stressbewältigung

Stress und Angst gehen Hand in Hand: Mit anderen Worten, übermäßiger Stress kann zu Angstzuständen führen. Vor diesem Hintergrund ist es eines der besten Dinge, die Sie für sich selbst tun können, sich Zeit zu nehmen, um mit Stress umzugehen und ihn abzubauen. Stellen Sie sicher, dass Sie lernen, wie Sie auf gesunde Weise mit Stress umgehen können. Obwohl Alkohol die Sorgen und Probleme für eine Weile vergessen lässt, hilft er auf lange Sicht nicht. Sehen wir uns einige Tipps zur Stressbewältigung an:

- Machen Sie sich die Stressquelle in Ihrem Leben bewusst und denken Sie über gesunden Stress nach, um dagegen vorzugehen. Stress kann durch Verantwortung, unbefriedigende Beziehungen und vieles mehr entstehen. Sobald Sie die Ursache identifiziert haben, können Sie einen positiven Schritt unternehmen, um sie anzugehen.
- Musik hat eine enorme Fähigkeit, den Körper zu entspannen. Egal wie gestresst Sie sind, entspannende Musik kann helfen, Ihre Nerven zu beruhigen. Hören Sie regelmäßig Musik, da sie eine beruhigende Wirkung auf die psychische Gesundheit hat.
- Wenn Sie gestresst sind, ist Ihre Atmung kurz und flach. Versuchen Sie, tief zu atmen, da dies die

Luftzirkulation fördert und Ihren Körper in einen Entspannungszustand versetzt.

Verbringen Sie Zeit in der Natur

Es hilft nicht, acht Stunden am Tag in einem klimatisierten Büro zu verbringen. Wenn Sie mit der Arbeit fertig sind, verlassen Sie das Büro, steigen in Ihr Auto, und während der Fahrt ist immer noch die Klimaanlage eingeschaltet. Sie finden keine Zeit, die natürliche Brise und das Vitamin D der Sonne zu genießen. Es ist keine Überraschung, dass Angst unter diesen Bedingungen gedeiht.

Machen Sie unbedingt einen Spaziergang im Park, besichtigen Sie die Sehenswürdigkeiten, besuchen Sie den Zoo und verbringen Sie Zeit damit, die Natur zu genießen. Auch wenn Sie in der Stadt wohnen, sollte es Parks geben, die Sie besuchen können. Besser noch, legen Sie einen Garten an und machen Sie sich die Hände schmutzig, indem Sie den Boden kultivieren: Das hält Sie nicht nur beschäftigt und lässt keinen Raum für Ängste, sondern hilft Ihnen auch dabei, sich zu erden.

Achten Sie darauf, dass Ihr Zuhause ordentlich ist

Eine der größten Ursachen für Stress und Angst ist ein extrem unordentliches Zuhause. Daran sind wir alle schuld, denn es gibt Dinge in unserem Leben und in unserem Zuhause, an denen wir festhalten und die nicht wirklich nützlich sind: Es gibt Kleidungsstücke, die wir jahrelang nicht getragen haben und die sich noch in unserem Kleiderschrank befinden. Wir halten ohne ersichtlichen Grund an Gegenständen fest, und dennoch schüren solche Dinge letztlich nur die Angst.

Erinnern Sie sich an das letzte Mal, als Sie etwas suchten und es dann in den Trümmerhaufen Ihres Hauses fanden? Das ist etwas, wonach Sie nicht hätten suchen müssen, wenn das Haus ordentlich gewesen wäre. Es geht um mehr als nur darum, das Haus sauber zu halten. Es geht darum, nutzlose Gegenstände, sentimentale oder historische Dinge loszulassen, die Sie nicht brauchen und die Ihnen in keiner Weise weiterhelfen.

Gehen Sie durch jedes Zimmer und entsorgen Sie alles, was Sie lange nicht benutzt haben: Spenden Sie es für wohltätige Zwecke, verkaufen Sie es oder entsorgen Sie es. Sie werden sich gut fühlen und die Auswirkungen der Angst verringern.

Meditation

Wir machen uns Sorgen über Dinge, über die wir keine Kontrolle haben: Wir denken über verschiedene Szenarien nach, in denen etwas schiefgehen könnte, und es ist die Angst, die uns in diese nicht hilfreichen Gedanken führt.

Wenn Sie jedoch meditieren, bringen Sie Ihre Gedanken zurück in den gegenwärtigen Moment. Anstatt sich über etwas zu ärgern, über das Sie keine Kontrolle haben, hilft Ihnen Meditation, sich auf etwas zu konzentrieren, das Sie kontrollieren können: Ihren Atem.

Ich empfehle Ihnen, den Tag mit ein paar Minuten Meditation zu starten, wobei die Atmung im Mittelpunkt steht. Es ist nichts Kompliziertes, atmen Sie einfach fünfmal bewusst ein und aus und konzentrieren Sie sich dabei auf Ihre Atmung. Das ist Meditation in ihrer einfachsten Form.

Suchen Sie soziale Unterstützung

Angst entsteht oft durch Einsamkeit und Unsicherheit, daher ist es notwendig, ein gesundes Unterstützungssystem um sich herum zu schaffen, um Angst zu besiegen. Denken Sie daran, dass Ihr Freundes- und Bekanntenkreis nicht aus kritischen Menschen bestehen sollte, die Sie ständig aufregen.

Freunde können hilfreich sein, weil sie uns helfen, Bedrohungen realistisch einzuschätzen und Trost zu spenden. Darüber hinaus kann eine Selbsthilfegruppe dabei helfen, zu verstehen, dass man nicht allein ist, da man auch aus den Erfahrungen anderer und den Bewältigungsstrategien ihrer Freunde lernen kann.

Zusätzlich zum Beitritt zu einer Selbsthilfegruppe können Sie den Kontakt zu Ihrer Familie und Ihren Freunden aufrechterhalten oder sich beispielsweise ein Haustier wie einen Hund oder eine Katze zulegen – das kann eine große Hilfe sein.

Achte gut auf dich

Du bist eine einzigartige Person, die wichtigste Person in deinem Leben. Du verdienst das Beste, egal was die Stimmen in deinem Kopf sagen – stelle sicher, dass du dich selbst nicht vernachlässigst. Gehe zum Friseur, gönne dir eine Massage, lass dir die Füße und Hände pflegen, gehe mit einem Freund in die Sauna, verbringe einen Abend mit deiner Gruppe oder mache dir selbst ein Geschenk – all das kann helfen, Ängste zu überwinden.

Finde ein starkes Ziel

Mit anderen Worten: Finde etwas, wofür du leben kannst. Du solltest das Leben nicht einfach geschehen lassen. Mit einem klaren Sinn für deine Ziele bist du besser darauf vorbereitet, mit allem umzugehen, was das Leben dir in den Weg stellt, ohne in Angstzuständen oder Depressionen zu versinken. Eine starke Zielstrebigkeit wirkt zudem wie ein Schutzschild gegen die Höhen und Tiefen des Lebens, denn selbst an schwierigen Tagen bist du mit dem Leben zufrieden und kannst verhindern, dass Ängste die Oberhand gewinnen.

Mache Sport zu einer täglichen Gewohnheit

Einer der wichtigsten Schritte, die du unternehmen kannst, um Ängste zu bekämpfen und die Kontrolle zurückzugewinnen, ist Bewegung. Sie verbessert deine Stimmung, reduziert Stresshormone und sorgt insgesamt für ein besseres Gefühl. Du musst nicht exzessiv trainieren oder ins Fitnessstudio gehen. Ein einfacher Trainingsplan, wie Yoga, Spazierengehen oder Tai Chi, kann deine Stimmung erheblich verbessern und lässt keinen Raum für Ängste.

Bewegung ist besonders vorteilhaft, da sie die Ausschüttung von Endorphinen und Serotonin erhöht, zwei Gehirnchemikalien, die Depressionen und Angstzustände bekämpfen. Ein 30-minütiger Spaziergang am Tag reicht aus, um die Stimmung zu heben: Bewegung hilft nicht nur bei Angstzuständen, sondern ist auch eine großartige Möglichkeit, dein Leben in Ordnung zu bringen, Krankheiten zu bekämpfen und gesund zu bleiben.

Positive Affirmationen

Wir werden ängstlich, weil wir versuchen, verschiedene mögliche Probleme zu verarbeiten. Wenn du dem jedoch mit positiven Gedanken und Affirmationen entgegenwirken kannst, wird das helfen, deine Stimmung zu heben und Ängste zu bekämpfen. Es hilft nicht nur, negative Gedanken zu überwinden, sondern bringt auch die Dinge in ein positives Licht und hebt deine Stimmung.

Eines der häufigsten Probleme, mit denen Menschen mit Angstzuständen konfrontiert sind, ist die Zunahme der Intensität ihrer Symptome. Nehmen wir an, du gehst zu einem Vorstellungsgespräch und bekommst einen platten Reifen. Obwohl der Reifenwechsel relativ einfach sein mag, stellt sich die Frage, wie du der Person, mit der du dich treffen solltest, den Grund für deine Verspätung erklärst. Wenn du jedoch zu spät kommst, kann Angst deine rationalen Gedanken durcheinanderbringen und dich zu noch katastrophaleren

Gedanken führen. Wenn die Angst die Kontrolle übernimmt, kann sie dich und deinen Verstand direkt über den Rand drängen.

Die besten Wege, sofort Ruhe zu finden

Mit mehr als 2,8 Millionen Menschen, die in Italien jedes Jahr unter Angstzuständen leiden, gilt Angst als eine der häufigsten psychischen Erkrankungen. Diese Zahl könnte jedoch noch höher sein, da viele Menschen mit Angstzuständen keinen Arzt aufsuchen.

Selbstpositive Bestätigung

Wenn du feststellst, dass du, wie oben beschrieben, negativ mit dir selbst sprichst, versuche, das in etwas Positives zu verwandeln. Das wird dir helfen, die drohende Gefahr abzuschwächen, der du gegenüberstehst. Meistens ist Angst wie ein fesselnder Zustand, der nicht loslässt: Du musst lernen, sie als Angstanfall zu erkennen und die Angst abzubauen. Das kann alleine oder mit Hilfe eines Beraters erlernt werden. Hör auf, dir die Gefahr auszumalen, um den Angriff zu rechtfertigen. Sobald du erkennst, dass es sich um einen Angstanfall handelt, und aufhörst, daraus etwas zu machen, was es nicht ist, wirst du besser mit der Angst umgehen können.

Geführte Bilder

Du kannst dir beispielsweise vorstellen, wie ein ruhiges Meer klingt und riecht, oder die Farben eines wunderschönen Sonnenuntergangs oder Sonnenaufgangs visualisieren. Je lebendiger das Bild ist, desto größer sind deine Chancen, sofortige Ruhe zu finden.

Gebet oder Meditation

Wenn Sie ein bestimmtes Gebet im Kopf haben, wie zum Beispiel das Vaterunser, ist es wichtig, dass Sie es nicht übereilen. Denken Sie bewusst an jedes Wort, als wäre es das erste Mal, dass Sie es sagen oder als würden Sie das Gebet auf Papier schreiben. Dies kann Ihnen helfen, den Fokus Ihrer Gedanken von der Ursache der Angst auf einen rationaleren Denkbetrieb zu verlagern und Ihnen die Gelegenheit geben, den rationalen Teil Ihres Gehirns wieder in den Fokus zu rücken.

Wenn Sie nicht der Gebetstyp sind, aber nach einer ähnlichen Erfahrung suchen, können Sie eine einfache Meditation ausprobieren. Diese Technik konzentriert sich darauf, Ihr inneres Selbst zu fokussieren und einen veränderten Bewusstseinszustand zu erreichen. Manche Menschen meditieren gerne, indem sie ein bestimmtes Mantra, wie zum Beispiel „Om“, immer wieder wiederholen, während andere lieber durch körperliche Übungen wie Tai Chi oder Yoga meditieren. Wieder andere finden, dass einfaches Sitzen in kontemplativer Stille sehr effektiv ist, um sofortige Ruhe zu erleben.

Aufgrund der vielen kognitiven Angstsymptome hat sich Meditation oft als erfolgreich erwiesen. Wenn Ihr Geist von einer übermäßigen Menge verwirrender Gedanken geplagt wird, kann eine Konzentrationsübung, wie z. B. Meditation, sehr hilfreich sein, um alles zu beseitigen, was Ihnen Ängste bereitet. Meditation fördert auch ein achtsames Leben und reduziert die Reaktion des Geistes auf Stress.

Lerne dankbar zu sein

Auch wenn der Ausdruck „sei dankbar“ wie ein Klischee klingen mag, hat er sich als sehr effektiv erwiesen, um mehr Ruhe in den Geist zu bringen. In Zeiten extremer Angst neigen Menschen dazu, sich auf negative Gedanken zu konzentrieren. Stattdessen sollten Sie versuchen, an all die Dinge in Ihrem Leben zu denken, für die Sie dankbar sein können, und auf das Positive in der Welt zu achten. Je mehr Dinge Sie auf Ihre

Dankbarkeitsliste setzen können, desto besser wird es Ihnen gehen.

Kreativität und Hobbys

Haben Sie Hobbys oder Projekte, die Ihnen Freude bereiten? Viele Menschen, die unter Ängsten leiden, werden Ihnen sagen, dass sie keine Hobbys haben oder ihre Interessen aufgegeben haben. Vielleicht benötigen Sie ein wenig Kreativität, um Angstanfälle zu überwinden.

Sigmund Freud, der Begründer der Psychoanalyse, sagte, dass Depressionen das Ergebnis unrealisierten kreativen Potenzials seien. Er erkannte, dass viele Menschen, die wenig Kreativität zeigen, auch psychische Störungen, einschließlich Depressionen und Angstzuständen, haben.

Wenn Sie ein Hobby beginnen, das Sie interessiert, ist die Wahrscheinlichkeit groß, dass Sie sich von den Problemen, die Sie sich vorstellen, abwenden und sich auf diese neue Aktivität konzentrieren können. Viele Menschen suchen nach einem kreativen Ausweg, wenn sie Angst haben.

Um das richtige kreative Ventil für sich zu finden, werfen Sie einen Blick auf Ihre Vergangenheit und denken Sie daran, was Ihnen Spaß gemacht hat. Welche Art von Hobby oder kreativem Projekt interessiert Sie? Nehmen Sie sich in Ihrem Leben Zeit dafür? Wenn Sie sich ängstlich fühlen, finden Sie möglicherweise keine Zeit für irgendetwas anderes, aber wenn Sie es zulassen, kann es Ihr Leben positiv beeinflussen.

Beliebte Hobbys sind:

- Malen
- Schreiben
- Nähen
- Scrapbooking
- Fotografieren
- Holzarbeiten

Dies sind nur einige der Hobbys, die Ihnen helfen könnten, wenn Sie Angst haben. Wenn Sie sich auf das Hobby konzentrieren, denken Sie weniger an Ihre Ängste und können den negativen Gedankenprozess blockieren.

Wenn Sie sich bei einem Hobby unsicher sind oder eines ausprobieren möchten, aber nicht wissen, wie, können Sie nach einem Kurs suchen oder in einen Hobbyladen gehen, um zu sehen, ob dort kreative Klassen angeboten werden.

KAPITEL 9: LASS DIE VERGANGENHEIT LOS

In diesem Kapitel lernen Sie, sich von den Fesseln zwanghafter Sorgen und Ängsten zu befreien, indem Sie sich Zeit nehmen, um die einfache Übung der Achtsamkeit zu praktizieren.

Die kognitive Fähigkeit zu denken ist einer der entscheidenden Faktoren, die einzigartig für den Menschen sind und uns von anderen Tieren unterscheiden. Diese Denkfähigkeit verleiht uns die Kraft, Ideen zu entwickeln und daraus Dinge zu erschaffen. Sie setzt uns jedoch auch einer speziellen Art von Angst aus, die es im Tierreich nicht gibt, sondern nur im Menschen. Diese Art von Angst wird als psychische Angst bezeichnet.

Psychische Angst entsteht, wenn man weiß, dass etwas in der Vergangenheit passiert ist und die Möglichkeit besteht, dass es in der Zukunft erneut passiert. Die Fähigkeit zu denken erschafft lebendige Bilder davon, wie es das letzte Mal war, sei es durch eigene Erlebnisse oder durch Berichte über das, was irgendwo oder bei jemand anderem passiert ist. Tiere hingegen besitzen nicht die Fähigkeit zur kreativen Vorstellungskraft und erleben daher diese Art von Angst nicht.

Ein Denkproblem entsteht, wenn man Gedanken über Dinge mit den Dingen selbst verwechselt. Es ist einfach, sich einen imaginären Frosch vorzustellen, und man weiß, dass der Frosch in Ihrem Kopf nicht dasselbe ist wie ein echter Frosch. Wenn jedoch der Geist etwas vorgibt, das physisch nicht existiert, fällt es schwer, den Unterschied zu erkennen.

Jeder hat manchmal negative Gedanken und glaubt ihnen vielleicht sogar irgendwann. Doch nicht jeder entwickelt anhaltende Angstzustände, Depressionen oder psychischen Stress. Eine wichtige Frage stellt sich hier: Was bestimmt, ob diese Gedanken verschwinden oder ob sich anhaltende und intensive Beschwerden entwickeln? Gedanken über das Selbstwertgefühl sind nicht realer als ein imaginärer Frosch. Wenn Sie in den „Sein"-Zustand eintreten, können Sie diese Gedanken viel klarer erkennen. Sie können einen Schritt zurücktreten und die Gedanken und Gefühle beobachten, die Ihnen in den Sinn kommen, und sie als bloße Geräusche oder Eindrücke wahrnehmen. Wenn jedoch der Gedanke auftaucht: „Ich fühle mich wie ein Versager", sollten Sie dies nicht als Realität wahrnehmen und sich in Grübeleien verlieren.

Das bedeutet nicht, dass Tiere keine Angst haben, sondern vielmehr, dass sie nur Angst empfinden, die mit einem aktuellen oder bevorstehenden Ereignis zusammenhängt. Vögel fliegen in großen Scharen weg, wenn sie schlechtes Wetter bemerken. Das ist Angst, aber im Gegensatz zur psychischen Angst entsteht sie nicht durch Vorstellungskraft, sondern durch die Warnung ihres Instinkts.

Es gibt noch eine weitere interessante Tatsache über psychische Angst: Obwohl das Ereignis, an das Sie denken, nur eine Ausgeburt Ihrer Fantasie ist und zu diesem Zeitpunkt kein reales Ereignis darstellt, reagiert der menschliche Körper genauso, als ob das Ereignis tatsächlich stattfinden würde.

Angst führt oft zu einem Zustand der Unkoordiniertheit im menschlichen Geist und Körper, in dem sich Gedankenmuster in eine Richtung bewegen, Emotionen in eine andere und körperliche Empfindungen in eine andere Richtung gehen. Das Leben der Person scheint fragmentiert zu sein. Einfach ausgedrückt: Auch wenn das Ereignis möglicherweise nicht in der Gegenwart eintritt, ist die Auswirkung auf die Person real und führt letztlich zu einer Verzerrung oder Zerstreuung ihrer Wahrnehmung der Realität.

Wenn eine Person Angst hat, bewegt sich der Geist frei und entfremdet sich vom Körper, und der Körper leidet schließlich unter den Folgen dieser Störung. Gedanken, Emotionen und körperliche Empfindungen schwingen in unterschiedlichen „Frequenzen". Die gute Nachricht ist jedoch, dass Achtsamkeit als Werkzeug dazu beitragen kann, das Gleichgewicht wiederherzustellen, da sie sehr effektiv darin ist, Gedanken, Emotionen und körperliche Handlungen in perfekter Harmonie zu halten.

Viele Menschen verlieren sich in ihren Gedanken, und der Denkprozess ist für sie nahezu unbewusst geworden. Achtsamkeit ist eine Fähigkeit, die im Laufe der Zeit erlernt und weiterentwickelt werden kann, wenn sie durch regelmäßiges Üben gezielt kultiviert wird. Es mag auf den ersten Blick schwierig erscheinen, sich zu verpflichten, da der durchschnittliche Geist dazu neigt, sich schnell zu zerstreuen und in Gedanken über die Zukunft oder mögliche Probleme zu verlieren. Doch es ist eine Verpflichtung, die es wert ist, aufgrund der Wirkung, die unsere Gedanken auf unser tägliches Leben und unsere Zukunft haben, in Betracht gezogen zu werden.

WAS HAT BEWUSSTSEIN MIT ANGST ZU TUN?

Angst entsteht, wenn Sie Ihre Aufmerksamkeit auf alle unsicheren Möglichkeiten richten und andere Optionen vernachlässigen. Es ist nicht ungewöhnlich, dass Menschen in „Wenn..."-Szenarien gefangen sind und mit Annahmen und Situationen arbeiten, die außerhalb ihrer Kontrolle liegen, wobei es oft einfacher wäre, eine positivere Einstellung zu entwickeln, anstatt sich negativen Gedanken hinzugeben.

Stellen Sie sich einen Geschäftsmann vor, der am nächsten

Tag eine wichtige Präsentation mit einigen seiner potenziellen Investoren hat und plötzlich in eine unnötige Panikattacke gerät.

Er wird höchstwahrscheinlich anfangen, über all die Dinge nachzudenken, die vor, während oder nach der Präsentation schiefgehen könnten. Ihm würden nie so viele andere gute Dinge einfallen, die gut laufen könnten. Gedanken wie das Vergessen des Flash-Laufwerks, Schwierigkeiten beim Sprechen, nicht funktionierende Folien am Computer, Probleme mit dem Mikrofon oder letztlich der Eindruck, keinen guten Eindruck bei den Investoren zu hinterlassen, werden ihn beschäftigen.

Es wäre ein produktiveres und sinnvolleres Unterfangen gewesen, wenn dieselbe mentale Energie in die Vorbereitung seiner Präsentation investiert worden wäre.

Er könnte sich auf den gegenwärtigen Moment konzentrieren und die Gelegenheit nutzen, jeden Augenblick, den er vor seinen Zuhörern verbringt, zu maximieren und eine beeindruckende Präsentation zu halten, die das Vertrauen der Investoren in seine Fähigkeit stärkt, ihr Vermögen zu verwalten. Dieses Szenario kann durch das Erlernen und Anwenden von Achtsamkeit effektiv gemanagt werden.

Achtsamkeit gibt Ihnen die volle Kontrolle, und der Geist wird zu einem nützlichen Werkzeug, statt ein unkontrollierbarer Herrscher zu sein.

Dies lässt sich auf einfache Weise umsetzen, indem man bewusst mit dem Denken beginnt, zum Beispiel während einer Mahlzeit. Während des Essens schenken Sie dem Essen auf Ihrem Teller mehr Aufmerksamkeit und nehmen seine Farben, Texturen, Aromen und das Gefühl beim Kauen wahr. Das ist weitaus besser, als sich ohne besonderes Interesse mit Essen vollzustopfen, und es ist eine großartige Möglichkeit, den Geist auf eine positive Weise zu aktivieren.

Das Besondere an der Achtsamkeit ist, dass man sich der Tatsache bewusst wird, dass man denkt, denn Gedanken sind etwas, das wir bewusst hervorbringen und nicht etwas, das spontan oder zufällig wie ein Zug, der ununterbrochen fährt, auftreten sollte.

Wenn Sie bewusst denken, sind Sie für Ihre Gedanken verantwortlich und können Ihre Denkmuster umgestalten: vergangene Muster, die durch frühere Lebensstile, Erfahrungen, Kultur und bedeutende Beziehungen zu Eltern, Schule, Familie und anderen wichtigen Menschen, die eine Rolle in Ihrem Leben und Ihrer Erziehung gespielt haben, geformt wurden. Viele dieser Denkmuster sind schädlich für Ihre geistige Gesundheit und sollten unbedingt verändert werden.

ERFAHRUNGSVERMEIDUNG DURCH ACHTSAMKEIT ANWENDEN

Menschen, die unter Angstzuständen leiden, zeigen häufig bestimmte Verhaltensmuster, die als „Erlebnisvermeidung" bezeichnet werden. Dies tritt auf, wenn eine Person von Erinnerungen an ein Ereignis in der Vergangenheit heimgesucht wird und bestimmte Elemente, die diese Erfahrung kennzeichnen, meiden möchte. Diese Elemente können Körperempfindungen, Emotionen, Gedanken usw. sein.

Wenn man versucht, solche Gedanken zu vermeiden, erzeugt man leider das Gegenteil von dem, was man will. Eine solche Person wird zunehmend ängstlich und außer Kontrolle geraten. Menschen, die ein normales Vermeidungsverhalten zeigen, entwickeln viel häufiger Phobien und fliehen bei einer unerwarteten Panikattacke, als diejenigen, die es schaffen, ihren Geist zu kontrollieren. Die Unterdrückung von Gedanken und Gefühlen trägt zur Entstehung und Aufrechterhaltung einer generalisierten Angststörung, spezifischer Phobien und einer posttraumatischen Belastungsstörung bei.

Wie wendet man Achtsamkeit im Umgang mit Ängsten an?

Der Prozess der Überwindung von Angstzuständen durch Achtsamkeit wird als „Integration“ bezeichnet, bei dem alle getrennten, isolierten oder verleugneten Teile wieder ins Bewusstsein geholt werden müssen. Dieser Prozess basiert in der Regel auf drei grundlegenden Zielen:

Werden Sie sich Ihrer Erfahrungen bewusst

Dies ist der erste Schritt, bevor Sie sich mit Achtsamkeit beschäftigen. Sie müssen entscheiden, was Sie ängstlich macht, und die Erfahrungen analysieren, die Sie in der Vergangenheit gemacht haben und die den Auslöser dafür darstellen. Darüber hinaus sollten Sie die internen und externen Vermeidungsmaßnahmen beobachten, die Sie ergriffen haben, um die damit verbundenen Emotionen zu unterdrücken oder zu vermeiden.

Entwickeln Sie eine flexiblere Sicht auf Ihre Situation und Umstände

Sie sollten versuchen, von einer sehr kritischen, starren und kontrollierenden Denkweise zu einer liebevolleren, mitfühlenderen und nicht wertenden Haltung zu wechseln. Mit anderen Worten, Sie sollten einen offenen Geist entwickeln.

Verbessern Sie Ihre Lebensqualität in allen Bereichen

Achten Sie auf kognitive Flexibilität und leben Sie im Hier und Jetzt, anstatt in der Vergangenheit festzuhängen. Nur so können Sie ernsthafte Veränderungen erreichen, die Ihr Leben bereichern.

Vielleicht fragen Sie sich, warum Sie einem Gedanken Aufmerksamkeit schenken sollten, den Sie wahrscheinlich als Ihr größtes Problem betrachten. Es gibt keinen besseren Weg, sich von ängstlichen Gedanken zu befreien, als sich ihnen zu stellen. Je mehr Sie versuchen, diese Gedanken zu vermeiden, desto mehr werden Sie Opfer ihres Einflusses und zum Gefangenen Ihrer Gedanken. Wenn Sie jedoch aktiv nach diesen Gedanken suchen, werden Sie anfangen, sie als weniger beängstigend wahrzunehmen.

Durch Achtsamkeit werden Sie beginnen, Ihre Gedanken, Gefühle und Impulse so zu sehen, wie sie wirklich sind, ohne dass sie Sie von Ihrem täglichen Ziel ablenken.

Diese Denkweise hilft Ihnen, zu entscheiden, wem Sie Ihre Aufmerksamkeit schenken, wem Sie Anerkennung zollen und wie Sie gelassener und weiser auf Situationen reagieren.

Was sind die Vorteile einer kontinuierlichen Achtsamkeitspraxis?

Dies sind die Vorteile im Zusammenhang mit der Sensibilisierung:

- Sie werden überrascht sein, wie viel Sie über sich selbst lernen. Sie werden in der Lage sein, ungenutzte Potenziale zu erschließen, vor denen Ihre Emotionen Sie in der Vergangenheit blind gemacht haben.
- Sie werden eine umfassendere Sicht auf sich selbst genießen, die über Ihre bisherigen Einschränkungen und Barrieren hinausgeht.
- Ihr Selbstvertrauen wird gestärkt. Dinge, die früher bedrohlich wirkten, erscheinen jetzt normal und verlieren ihre Macht, Ihnen Angst zu machen.
- Wenn Sie es zulassen, werden Sie die natürliche Auflösung beängstigender Umstände erfahren.
- Gedanken kommen vor unserem Wachbewusstsein, entwickeln sich und verschwinden unter der Kraft unseres Bewusstseins.

- Durch Achtsamkeitsübungen können Sie beobachten, wie sich Ihre Gedanken, Emotionen und Gefühle schnell und dramatisch verändern. Sie werden erkennen, dass es unmöglich ist, „glückliche“ Zustände dauerhaft aufrechtzuerhalten oder „unangenehme“ Zustände für immer auszuschließen und somit ein Leben frei von unnötigen Sorgen und Panik zu führen.

Entscheiden Sie sich bewusst, ein Gefangener der Angst zu bleiben.

Indem wir die in diesem Kapitel beschriebene Achtsamkeit anwenden, nutzen wir das gleiche Prinzip der „Expositions- und Reaktionsprävention“, das häufig in der kognitiven Verhaltenstherapie verwendet wird. Wir konfrontieren das, was wir fürchten, mit der Kühnheit eines Löwen und warten darauf, dass die Angst nachlässt und verschwindet. Die mutige Entscheidung, trotz der Angst unerschütterlich zu bleiben, verringert die emotionale Reaktion, die in einer Atmosphäre der Sorge und Angst auftreten würde. Der Mensch entwickelt insgesamt Widerstand gegen emotionales Leiden und nimmt die Situation in diesem Moment als etwas weniger Unangenehmes wahr, was zu einer besseren Toleranz gegenüber den Konsequenzen und widrigen Situationen führen kann.

Mit Achtsamkeit können Sie bewusst eine angstauslösende Situation herbeiführen, lernen, damit umzugehen und so Ihre Bewältigungsfähigkeit steigern. Die neue Herausforderung, die nun vor Ihnen liegt, besteht darin, genügend Zeit zu investieren, um die gewünschten Ergebnisse zu erzielen. Dies ermöglicht es Ihnen, Ereignisse zu bewältigen, während sie eintreten, und gibt Ihnen die Möglichkeit, sich an täglichen Aktivitäten zu beteiligen und die volle Kapazität zu haben, mit den Ereignissen umzugehen, sobald sie auftreten. Für eine ängstliche Person kann die Vergangenheit ihr Kryptonit sein. Wir blicken oft auf vergangene Ereignisse zurück und grübeln über das Ergebnis oder darüber, wie wir es hätten ändern können. Loslassen ist eines der schwierigsten Dinge – noch schwieriger für jemanden, der von Ängsten überwältigt wird. Es gibt viele Szenarien, die in der Vergangenheit stattgefunden haben und zu Ihrer Angststörung beigetragen haben könnten. Hier einige Möglichkeiten, eine vergangene Situation loszulassen:

- Erstellen Sie eine positive Affirmation, um negativen Gedanken entgegenzuwirken.
- Nutzen Sie die physische Distanz als Barriere.
- Arbeiten Sie allein.
- Seien Sie vorsichtig.
- Seien Sie nett zu sich selbst.
- Lassen Sie negative Emotionen fließen.
- Akzeptieren Sie, dass es keine Vergebung geben kann.
- Kümmern Sie sich um sich selbst.

Ein aggressiverer, detaillierterer Ansatz wäre:

- Entscheiden Sie sich selbst, loszulassen. Dinge verschwinden nicht von allein.
- Drücken Sie Ihren Schmerz aus und übernehmen Sie Verantwortung für Ihre Handlungen.
- Hören Sie auf, sich selbst als Opfer zu sehen und anderen die Schuld zu geben.
- Nutzen Sie die Gelegenheit, Ihre Füße wieder auf den Boden zu bekommen und sich zu konzentrieren.
- Vergeben Sie sich selbst und anderen.

Das wird nicht immer einfach sein: Manche Dinge lassen sich leichter loslassen als andere. Angststörungen wie PTBS entstehen durch vergangene Erfahrungen, die eine Person buchstäblich verfolgen können. Es kann Jahre dauern, bis jemand über etwas aus der Vergangenheit hinwegkommt, und manchmal kommt er nie ganz darüber hinweg. Aber das ist auch in Ordnung, denn das bedeutet nicht, dass es nicht bewältigt werden kann. Eine weitere Möglichkeit, sich von der Vergangenheit zu befreien, besteht darin, einfach Tag für Tag in der Gegenwart zu leben. Wenn Sie auf Schwierigkeiten stoßen, sollten Sie diese anerkennen. Sie können nicht heilen und vorankommen, wenn Sie das Negative nicht loslassen: Es ist wichtig, dies zu erkennen und loszulassen. Es geht nicht darum, zu vergessen, sondern darum, voranzukommen und auf das zu schauen, was vor Ihnen liegt. Denn Angst muss nicht das sein, woraus Ihre Zukunft besteht.

Wie lassen wir los?

Der Schlüssel zum Loslassen liegt darin, herauszufinden, was in Ihrer Vergangenheit diese Emotionen hervorruft. Es ist wichtig, Dinge aus der Vergangenheit zu bewerten, von denen Sie glauben, dass sie Sie gegen Ihren Willen festhalten und Ihnen Angst machen. Manche Dinge erfordern mehr Arbeit als andere, und sie sind nicht einmal die Hauptursache Ihrer Angst. Am besten beginnen Sie damit, die Last Ihrer Vergangenheit zu ordnen. Eine Möglichkeit, einige dieser Dinge loszulassen, besteht darin, sie zu hinterfragen.

Erstellen Sie eine Tabelle mit fünf Spalten:

Erste Spalte

Schreiben Sie in diesem Abschnitt drei ungelöste Probleme aus Ihrer Vergangenheit auf, die Sie noch belasten. Das sind Dinge, die Ihnen passiert sind und die Sie und Ihre Entscheidungen auch heute noch beeinflussen.

Zweite Spalte

Schreiben Sie in dieser Spalte auf, wem Sie die Schuld für die drei Situationen in der ersten Spalte geben. Wer ist die Person, der Sie nicht vergeben können? In den meisten Fällen liegt die Antwort auf diese Frage bei Ihnen selbst.

Vergebung ist tatsächlich eine sehr mächtige Sache, wenn es darum geht, loszulassen. Sie sollten sich darüber im Klaren sein, dass eine lebenslange Strafe für die von Ihnen aufgeführten Handlungen möglicherweise keine gute Sache ist. Wenn es sich bei der Person, der Sie vergeben müssen, um eine andere Person handelt, müssen Sie verstehen, dass Sie durch die Vergebung tatsächlich all den Ärger, den Schmerz und die Angst loswerden, die sie Ihnen verursacht haben. Ressentiments sind Gift für die psychische Gesundheit, und wenn Sie daran festhalten, wird Ihre Angst nur schlimmer, nicht besser.

Verzeihung, es ist wieder eines dieser Marathonrennen. Es ist nicht unbedingt ein Einzelfall: Es ist etwas, mit dem Sie sich möglicherweise für den Rest Ihres Lebens auseinandersetzen müssen. Vor allem müssen Sie damit beginnen, sich selbst zu vergeben, denn Sie sind der wichtigste Teil dieser Gleichung, Sie sind verantwortlich für das, was in Ihrem Kopf vorgeht und für alles, worüber Sie nachdenken. Ja, Sie leiden möglicherweise an einer Angststörung, die Sie dazu bringt, sich Sorgen zu machen und sich mit Dingen zu beschäftigen, die Sie nicht tun sollten, aber das bedeutet nicht, dass Sie sich nicht anstrengen können, um zu versuchen, diese Situationen zu beheben.

Dritte Spalte

Welche Konsequenzen hat diese noch immer ungelöste Situation mit Blick auf die erste und zweite Spalte? Vielleicht werden Sie zunächst nicht in der Lage sein, die Konsequenz zu verstehen, aber es könnte etwas Kleineres sein, verglichen damit, etwas, das Sie in die erste Spalte eingetragen haben, nicht mit der Person in der zweiten zu klären, die Ihnen die

Tage vielleicht wirklich schwer macht, denn Sie sehen es die ganze Zeit.

Vierte Spalte

Diese Kolumne ist Ihnen gewidmet, um zu schreiben, welche Chancen sich für Ihr Leben ergeben, wenn Sie Ihre Ängste loslassen. Wie würde Ihr Leben aussehen, wenn Sie sich nicht mehr mit diesen Dingen herumschlagen müssten?

Fünfte Spalte

Dies ist der Teil, in dem Sie versuchen, das Problem zu lösen. Schauen Sie nach vorne und sehen Sie, was Sie tun können, um die Situationen in Spalte eins zu lösen.

Um achtsam zu üben, müssen Sie mit dem Laufen aufhören und sich auf das konzentrieren, was Sie tun. Wenn Sie sich angewöhnen, eine ruhige, gleichmäßige Atmung zu entwickeln, verlangsamen Sie Ihren Herzschlag, beruhigen Ihre Gefühle, beruhigen Ihren Geist, entspannen Ihre Muskeln und machen Ihren Körper weicher. Konzentrieren Sie sich auf das Ein- und Ausatmen: Atmen Sie erst ein, wenn die Ausatmung endet. Atmen Sie aus, was Sie nicht wollen, und atmen Sie Dankbarkeit und Glück ein.

Viele wichtige Ereignisse in Ihrem Leben ereignen sich, wenn Sie nicht in der Gegenwart leben und wichtigere Ereignisse oder Gelegenheiten verpassen, als Ihnen bewusst ist. Leben Sie nicht so, als ob Sie nicht hier wären: Ihr Leben wird einfacher und Sie werden mehr Energie und mehr Glück finden. Das Leben in der Vergangenheit oder Zukunft hindert Sie daran, in der Gegenwart zu leben, und führt dazu, dass Sie durch das Leben gehen, als hätten Sie es nie wirklich gelebt.

Den meisten von uns fällt es schwer, bei Bewusstsein und in der Gegenwart zu bleiben. Es ist normal, sich Sorgen um die Zukunft zu machen oder zu viel Zeit damit zu verbringen, über die Vergangenheit nachzudenken, aber es gibt für alles eine Zeit und einen Ort, auch für das Nachdenken über vergangene Handlungen und die Planung für zukünftige Erfolge. Die Übung ermöglicht es Ihnen, sich auf die Gegenwart zu konzentrieren, den einzigen Moment, in dem Sie wirklich Macht und Kontrolle haben. Entdecken Sie drei Bereiche, die Sie daran hindern, achtsam zu sein, und üben Sie Aktivitäten, um diese Hindernisse zu überwinden.

Zunächst befassen wir uns mit Gewohnheiten, dem Erlernen des Verlernens und der Entwicklung von Beharrlichkeit. Ihre Gewohnheiten führen oft dazu, dass Sie im Autopilot-Modus leben und hindern Sie daran, im Hier und Jetzt zu leben. Wenn Sie lernen, schlechte Gewohnheiten zu erkennen und sie durch gute zu ersetzen, können Sie sich von der Welt befreien, die darauf ausgelegt ist, Sie über Ihre Emotionen zu kontrollieren. Dies kann helfen, Ängste abzubauen und es erleichtern, bewusst im gegenwärtigen Moment zu bleiben.

Wenn Sie positive Gewohnheiten entwickeln, schlechte Gewohnheiten ändern und Dinge loslassen, die Sie nicht kontrollieren können, wird Ihr Prana, Ihre Lebensenergie, freigesetzt und kann sich den wichtigsten Dingen widmen. Denken Sie daran, anzunehmen, wo Sie heute stehen. Beginnen Sie mit den einfachsten Änderungen, und die schwierigen werden leichter. Halten Sie immer Ihr Herz und Ihren Verstand offen.

Ohne Zweifel ist es sehr nützlich und lohnend, sich dieser Fähigkeiten bewusst zu werden und sie zu erlernen. Es ist nicht nur eine Therapiemöglichkeit für Menschen, die an einer psychischen Störung leiden. Zu lernen, trotz unserer irrationalen Gefühle klug zu handeln und aufmerksamer auf uns selbst und die Dinge um uns herum zu achten, wird uns sicherlich mehr Glück und Zufriedenheit bringen.

Die Entwicklung unserer Fähigkeit, jeden Moment unseres Lebens wahrzunehmen, ist eine nützliche Praxis, die uns helfen kann, besser mit negativen Gefühlen und Gedanken umzugehen, die Angst und Stress auslösen können.

Durch regelmäßiges Praktizieren von Achtsamkeitsübungen werden Sie schlechten Gewohnheiten nicht so leicht erliegen und sich nicht von Zukunftsängsten oder negativen Erfahrungen der Vergangenheit beeinflussen lassen. Aber Sie werden schließlich in der Lage sein, Ihre Fähigkeit zu entwickeln, Ihren Geist auf die Gegenwart zu konzentrieren und die Herausforderungen des Lebens entschlossen, aber ruhig zu meistern.

Als Ergebnis werden Sie in der Lage sein, Ihr Gehirn neu zu programmieren, um eine völlig bewusste Denkweise zu entwickeln, die frei von selbstlimitierenden Denkmustern ist. Dadurch können Sie völlig präsent sein und sich auf die positiven Emotionen fokussieren, die Ihr Mitgefühl fördern können. Verstehen Sie sich selbst und die Menschen, die Sie umgeben.

KAPITEL 10: EIN RATGEBER FÜR JUGENDLICHE ZUR ANGSTBEWÄLTIGUNG

ATEMWahrnehmung

Wenn Sie die Kontrolle über Ihre Atmung haben, kann Ihnen niemand Ihren Frieden rauben.

Bei dieser zweiteiligen Atemübung üben Sie, sich Ihrer natürlichen Atmung bewusst zu werden. Sie erlernen und üben eine grundlegende Atemtechnik.

Bewusstsein

Durch die Anwendung dieser Atemtechnik richten Sie Ihre Aufmerksamkeit auf eines: Ihre Atmung.

- Setzen oder legen Sie sich an einen bequemen, ruhigen Ort. Entspannen Sie sich und schließen Sie die Augen. Platzieren Sie Ihre linke Hand direkt unter Ihrem Bauchnabel und Ihre rechte Hand über Ihrem Herzen. Atmen Sie mit ruhigen, gleichmäßigen Atemzügen ein und aus. Der gesamte Atem geht durch die Nase, und halten Sie die Lippen geschlossen.

- Lernen Sie, Ihren Atem beim Ein- und Ausströmen in Ihren Körper zu spüren. Versuchen Sie nicht, es in irgendeiner Weise zu kontrollieren. Werden Sie nicht ängstlich und verspüren Sie nicht das Bedürfnis zu reagieren. Beobachten Sie einfach Ihre Atmung und die Empfindungen und wissen Sie, dass Sie keines von beidem sind. Du bist vielmehr der Raum zwischen deinen Gedanken und Gefühlen, in dem dein wahres Selbst entsteht.
- Ändern Sie Ihre Haltung und wiederholen Sie die Übung in Rückenlage.

POSITIVE AFFIRMATIONEN, UM ANGST ZU BERUHIGEN

Üben Sie, positive Affirmationen laut auszusprechen.

- Ich bin fähig.
- Ich weiß, wer ich bin, und ich bin genug. Ich werde bei allem, was ich tue, präsent sein.
- Ich entscheide mich dafür, darüber nachzudenken, was gut für mich ist.
- Ich werde Gelassenheit erreichen.
- Ich teile mein Glück mit den Menschen um mich herum.
- Mein Körper ist mein Vehikel im Leben. Ich werde es mit Güte füllen.
- Ich fühle mich energiegeladen und lebendig.
- Mein Leben entwickelt sich wunderbar.
- Ich bin zuversichtlich.
- Ich beobachte immer, bevor ich reagiere.
- Ich weiß, dass ich es mit Zeit und Mühe schaffen kann.
- Ich liebe Herausforderungen und die Dinge, die ich aus deren Bewältigung lerne.

- Jeder Schritt meiner Reise bringt mich näher dorthin, wo ich sein möchte.

Üben Sie, in der ersten Person mit sich selbst zu sprechen, Beispiel: „Ich bin fähig", und in der dritten Person, Beispiel: „Michele ist fähig."

NEGATIVES SELBSTGESPRÄCH ERKENNEN UND ÄNDERN

Identifizieren Sie einen negativen Gedanken oder Satz und verwandeln Sie ihn dann in einen positiven. Es sollte die Person widerspiegeln, die Sie werden möchten, und das Leben, das Sie führen möchten.

Du atmest immer noch

Diese Übung ist besonders nützlich, wenn Sie das Gefühl haben, tief zu atmen, aber keine Luft in Ihre Lungen zu bekommen. Sie können das Gefühl haben, dass Sie nicht atmen können, und nichts, was Sie tun, scheint den Druck in Ihrer Brust zu lindern. Wenn Sie sprechen, atmen Sie zunächst einmal, indem Sie beim Sprechen Luft durch Ihren Brustkorb und über Ihre Stimmbänder drücken, um Geräusche zu erzeugen, die dann von Ihrem Mund und Ihrer Zunge geformt werden.

Das Problem dabei ist, dass Sie zu viel Sauerstoff eingeatmet haben, und obwohl Ihr Körper reichlich davon hat, fühlen Sie sich immer noch schwindelig, als ob Ihnen die Luft ausgegangen wäre. Ihre eigene Panik versetzt Sie in einen Teufelskreis: Sie atmen zu schwer, um etwas Luft zu bekommen, woraufhin Ihr Gehirn Paniksignale sendet, während Ihnen immer noch schwindelig wird, gefolgt von weiterem schwerem Atmen, um die Situation in Ihrem Körper zu korrigieren, und so weiter.

Stattdessen müssten Sie den Kohlendioxidgehalt in Ihrem Blutkreislauf erhöhen, um den hohen Sauerstoffgehalt zu senken und sich schneller zu normalisieren.

Für diese Übung benötigen Sie eine Plastik- oder Papiertüte. Wenn Sie es nicht zur Hand haben, besorgen Sie sich bitte eine, da sie Ihnen bei der Übung hilft.

- Bedecken Sie Mund und Nase mit Ihren Händen. Wenn Sie ein Taschentuch oder etwas anderes in Ihrer Tasche haben, können Sie es verwenden, um eine bessere Abdichtung zu erzielen. Was auch immer Sie verwenden, denken Sie daran, sowohl Mund als auch Nase gleichzeitig zu bedecken, damit die Übung wirksam ist.
- Atmen Sie tief durch die Nase ein und zählen Sie dabei langsam bis sechs, um Ihren Atem zu kontrollieren. Indem Sie länger atmen, verhindern Sie, dass sich die Situation noch verschlimmert, indem Sie im gleichen Tempo weiter atmen. Wenn Sie das Gefühl haben, dass Sie Ihren Atemrhythmus nicht regulieren können, fahren Sie mit der Übung in dem Tempo fort, das Ihnen Ihre Panik erlaubt, bis Sie das Gefühl haben, zumindest etwas Kontrolle wiedererlangt zu haben.
- Panik kann es erschweren, den Atem anzuhalten, daher atmen Sie langsam durch die Nase aus. Auch hier gilt: Wenn Sie das Gefühl haben, dass Sie es nicht kontrollieren können, gehen Sie so schnell wie möglich vor, bis Sie wieder etwas Kontrolle haben.
- Sobald Sie mit dem Ausatmen fertig sind, atmen Sie ein, wobei Sie Ihre Hand fest vor Mund und Nase halten. Dies sollte es Ihnen ermöglichen, zumindest einen Teil des Kohlendioxids, das Sie gerade ausgeatmet haben, wieder einzuatmen.

- Egal, wie schnell Sie atmen, setzen Sie die Übung fort, bis Sie das Gefühl haben, die Kontrolle zu haben. Atmen Sie sofort nach dem Ausatmen ein, ohne eine Pause zu machen, um mehr Kohlendioxid einzuatmen. Sie müssen die verbrauchte Luft wieder einatmen, um den Kohlendioxidgehalt schneller zu erhöhen, ohne dass das Problem durch eine erhöhte Hyperoxygenierung verschärft wird. Deshalb funktioniert eine Papiertüte in diesen Situationen besser.
- Wenn Sie gelegentlich solche Gefühle haben, tragen Sie immer eine Papier- oder Plastiktüte bei sich.

Atemübung empfohlen

Diese Übung erfordert etwas mehr Visualisierung und funktioniert am besten in einer ruhigen Umgebung. Solange Sie jedoch nicht Auto fahren oder einer Aktivität nachgehen, die sofortige, unerschütterliche Konzentration erfordert, können Sie Ihre Augen für ein paar Sekunden oder eine halbe Minute schließen und üben. Sie können es überallhin mitnehmen, wenn Sie gestresst sind und sich entspannen müssen.

- Schließen Sie Ihre Augen. Stellen Sie sich vor, dass Sie in der Dunkelheit hinter Ihren geschlossenen Augen als Silhouette vor einem dunklen Hintergrund erscheinen. Das Einzige, was in dieser Silhouette enthalten sein sollte, ist ein animiertes Bild Ihres Gehirns. Wenn Sie wütend sind, stellen Sie sich vor, dass Ihr Gehirn von einem roten Nebel umhüllt ist. Wenn Sie gestresst oder ängstlich sind, stellen Sie sich vor, dass ein schwarzer Nebel in Ihrem Kopf wirbelt und sich ausbreitet.
- Halten Sie die Augen geschlossen, atmen Sie tief durch die Nase ein und zählen Sie bis 5. Atmen Sie

durch den Bauch ein, nicht durch die Brust. Stellen Sie sich vor, dass der Atem, den Sie einatmen, grünes oder blaues Gas ist, je nachdem, welche Farbe Sie am meisten beruhigt. Stellen Sie sich vor, dass das beruhigende Gas in Ihren Kopf und nicht in die Lunge eindringt und sich mit dem bereits vorhandenen Gas vermischt.

- Anstatt den Atem anzuhalten, atmen Sie fünf Sekunden lang langsam durch den Mund aus. Stellen Sie sich diesmal vor, dass das andere Gas – rot oder schwarz – ausgeatmet wird. Während Sie es sich vorstellen, spüren Sie, wie Ihre Wut oder Ihr Stress langsam, aber spürbar nachlassen, während sie aus Ihnen herausfließen. Das Ziel ist es, das schwarze oder rote Gas in Ihrem Kopf langsam durch das beruhigende Gas zu ersetzen, das Sie mit jedem Atemzug einatmen.
- Wiederholen Sie die Übung, bis das grüne oder blaue beruhigende Gas das dunklere Gas in Ihrem Kopf vollständig ersetzt hat und Sie sich ruhiger fühlen. Halten Sie während der Übung die Augen geschlossen und konzentrieren Sie sich auf das Geräusch und den Rhythmus Ihrer Atmung sowie auf die Visualisierung. Obwohl dies etwa 10–15 Minuten dauern sollte, werden Sie sich beim ersten Üben dieser Übung langsam in einen Zustand bringen können, in dem 30 Sekunden ausreichen, um sich entspannter zu fühlen, insbesondere wenn Sie draußen sind und keine 10 Minuten damit verbringen können.

Obwohl es viele andere Übungen gibt, benötigen die in diesem Buch enthaltenen Übungen keine Vorkenntnisse oder spezielle Atemtechnik und können auch von Anfängern problemlos angewendet werden. Sie werden Ihnen sehr dabei helfen, die Ängste und den Stress zu bekämpfen, ohne dass Sie externe Hilfe benötigen.

KAPITEL 11: EIN LEITFADEN ZUR ANGSTBEWÄLTIGUNG

BEWUSSTE MEDITATION

Dauer: 15 Minuten

Lassen Sie uns direkt mit den Grundlagen der Achtsamkeitsmeditation beginnen. Diese Übung umfasst alle wesentlichen Grundlagen und kann während Ihres Lernprozesses immer wieder praktiziert werden.

Es gibt einige wichtige Punkte, auf die Sie beim Erlernen der Achtsamkeitsmeditation besonders achten sollten. Das erste, worauf Sie achten sollten, ist Ihre Sitzposition – Sie können auf dem Boden, auf einem Kissen oder auf einem Stuhl sitzen, wobei Ihre Wirbelsäule gerade, aber entspannt sein sollte.

Das nächste, was Sie tun müssen, ist, Ihren Atem an dem Ort zu finden, an dem Sie ihn am deutlichsten spüren, und ihn einfach zu beobachten, ohne zu versuchen, ihn zu verändern. Konzentrieren Sie sich abschließend auf Ihren Atem im Nasenbereich.

Ausführung

- Wählen Sie einen ruhigen, bequemen Ort, an dem Sie sich während der nächsten 10–15 Minuten ungestört auf die Übung konzentrieren können.
- Setzen Sie sich mit einer geraden, aber entspannten Wirbelsäule hin. Sie können je nach Wunsch mit offenen oder geschlossenen Augen sitzen.
- Atmen Sie normal und achten Sie darauf, wo sich Ihr Atem befindet. Richten Sie dann Ihre Aufmerksamkeit auf Ihren Atem.
- Achten Sie auf Ihre Atmung und folgen Sie ihr, wenn Sie ein- und ausatmen.
- Wenn Ihre Gedanken abschweifen, richten Sie Ihre Aufmerksamkeit wieder auf Ihre Atmung.
- Konzentrieren Sie sich weiterhin auf Ihre Atmung. Sitzen Sie vielleicht beim ersten Mal drei Minuten lang, machen Sie dann eine kurze Pause und sitzen Sie beim zweiten Mal fünf Minuten lang. Wenn Sie möchten, machen Sie eine kurze Pause und setzen Sie sich dann noch einmal für weitere fünf Minuten hin.
- Gratulieren Sie sich selbst und machen Sie mit Ihrem Tag weiter. Es kann hilfreich sein, sich Notizen darüber zu machen, wann, wie lange und wie Sie meditiert haben.

ENTDECKEN SIE DEN DENKER

Dauer: 15 Minuten

In dieser Übung konzentrieren wir uns darauf, mehr Bewusstsein für Ihren Geist zu entwickeln.

Ich erinnere mich noch genau an den inneren Wandel, den ich während meiner ersten Erfahrung mit Achtsamkeitsmeditation erlebte, als ich mir meines Denkens und Geistes bewusst wurde. Es war nicht so, dass ich vorher keine Gedanken hatte, aber in diesem Moment wurde ich mir des Geistes und der Gedanken, die ihn durchströmten, sehr bewusst. Ich konnte beginnen, sie zu beobachten und mit ihnen zu arbeiten. Anfangs war es etwas seltsam und überraschend, aber sehr hilfreich. Das meine ich mit „den Denker entdecken“.

Ausführung

- Wählen Sie einen ruhigen Platz, an dem Sie sich ungestört konzentrieren können.
- Setzen Sie sich mit einer geraden Wirbelsäule und offenen oder geschlossenen Augen hin, je nachdem, was für Sie einfacher ist.
- Atmen Sie normal und achten Sie darauf, wo sich Ihr Atem befindet. Richten Sie dann Ihre Aufmerksamkeit auf Ihren Atem.
- Achten Sie auf Ihre Atmung und folgen Sie ihr, wenn Sie ein- und ausatmen.
- Beginnen Sie, sich Ihrer Gedanken und ihrer diskursiven oder mäandrierenden Natur bewusst zu werden und ihnen Aufmerksamkeit zu schenken.
- Versuchen Sie, sich Ihrer Gedanken und ihrer Herkunft bewusst zu werden. Wenn Sie dies tun können, werden Sie Ihren Geist entdecken. Es kann mehrere Versuche dauern. Bleiben Sie in dieser Phase, während Sie in Ihrem Kopf nach Ihren Gedanken suchen. Sollte es Ihnen nicht gelingen, können Sie später noch einmal zurückkommen.
- Sitzen Sie etwas länger und lassen Sie alles los. Achten Sie einfach auf Ihre Atmung und nehmen Sie sich dann einen Moment Zeit, um langsam aus der Meditation herauszukommen.

BEOBACHTEN SIE, OHNE ZU URTEILEN

Dauer: 20 Minuten

Wir haben wichtige Grundlagen wie das Sitzen, das Halten eines geraden, aber entspannten Rückens, das Bewusstsein für unsere Atmung und die Konzentration auf diese erlernt. Jetzt beginnen wir, unseren Geist zu lokalisieren und beginnen, unsere Gedanken bewusst wahrzunehmen. Dieser Schritt folgt logisch dem, was wir gerade unternommen haben, um uns unseres Geistes und Denkens bewusst zu werden.

Wir sind es gewohnt, uns von zufälligen, diskursiven und unaufhörlichen Gedanken mitreißen zu lassen. Jetzt treten wir einen Schritt zurück und untersuchen, dass unsere Gedanken oft sehr kritischer und wertender Natur sind.

Ausführung

- Finden Sie einen bequemen Sitzplatz, an dem Sie sich ungestört konzentrieren können.
- Sitzen Sie mit einer geraden, aber entspannten Wirbelsäule und offenen oder geschlossenen Augen.
- Atmen Sie normal, beginnen Sie, sich zu beruhigen, und richten Sie Ihre Aufmerksamkeit auf Ihre Atmung.
- Achten Sie auf Ihre Atmung und verfolgen Sie sie beim Ein- und Ausatmen.
- Sehen Sie, wie viel Anstrengung es erfordert, sich auf Ihre Atmung zu konzentrieren. Lassen Sie sich leicht ablenken? Haben Sie den Eindruck, dass Ihre Gedanken ständig abschweifen? Wenn ja, versuchen Sie, Ihre Konzentration zu verstärken und fokussiert zu bleiben. Fahren Sie damit fort, während Sie beginnen, Ihren Geist zu stabilisieren.
- Sobald Sie Ihre Aufmerksamkeit stabilisiert haben, bleiben Sie so und konzentrieren Sie sich während

der gesamten Übung auf Ihre Atmung. An diesem Punkt können Sie die starke Konzentration etwas lockern und die Konzentrationsfähigkeit erhöhen. Arbeiten Sie weiterhin mit dieser Balance zwischen Anstrengung und Leichtigkeit der Konzentration und Aufmerksamkeit. Ideal ist es, gleichzeitig einen stabilen und einfachen Fokus zu haben. Sie können diese Übung mit kurzen Pausen abwechseln.

- Lassen Sie das alles endlich los. Kehren Sie einfach kurz zur Atemwahrnehmung zurück und beenden Sie dann die Übungseinheit. Machen Sie sich Notizen, wenn Sie möchten.

DIE AUGEN: TORE ZUR WEISHEIT

Dauer: 15 Minuten

Die westliche Meditation wird im Allgemeinen mit geschlossenen Augen durchgeführt. Einer der Hauptgründe dafür ist, dass Schüler besonders am Anfang ihre Ablenkungen minimieren müssen, und das Schließen der Augen ist eine gute Möglichkeit, äußere Reize zu reduzieren. Der Hauptnachteil besteht darin, dass Menschen sich zu sehr entspannen oder einschlafen können. Wenn die Augen "halb geöffnet oder halb geschlossen" sind, werden äußere Ablenkungen reduziert, aber es besteht immer noch eine gewisse Orientierung zur Außenwelt. Mit offenen Augen bleiben wir tendenziell aufmerksamer und orientierter, auch wenn es mehr Möglichkeiten für äußere Ablenkungen gibt. Aus einer höheren Meditationsperspektive heißt es jedoch im Vajrayana, dass die Augen das Tor zu höherer Weisheit sind und dass wir lernen sollten, mit offenen Augen zu meditieren. Ich habe persönlich erfahren, dass dies bei dieser Übung zutrifft und dass sie Sie auch vor dem Einschlafen schützt. Darüber hinaus können Sie mit offenen

Augen den meditativen Zustand besser in alle Aspekte des Lebens integrieren.

Ausführung

- Suchen Sie sich einen ruhigen Platz zum Sitzen, frei von äußeren Störungen. Es ist oft hilfreich, denselben Ort zu Beginn jedes Mal zu nutzen.
- Setzen Sie sich mit gerader, aber entspannter Wirbelsäule und geschlossenen Augen hin.
- Atmen Sie normal und beruhigen Sie sich, während Sie Ihre Aufmerksamkeit auf Ihre Atmung richten.
- Beobachten Sie Ihre Atmung, indem Sie auf das Ein- und Ausatmen achten.
- Meditieren Sie für 5 Minuten. Achten Sie darauf, wie Sie sich fühlen und welche Vorteile oder negativen Nebenwirkungen das Schließen der Augen mit sich bringt.
- Machen Sie nach 5 Minuten eine Pause und ruhen Sie sich eine Minute lang aus. Meditieren Sie dann für weitere 5 Minuten mit halb geschlossenen Augen. Machen Sie eine Pause und achten Sie darauf, wie Sie sich fühlen und welche Nebenwirkungen auftreten.
- Schließen Sie die Übung ab, indem Sie sich fünf Minuten lang mit vollständig geöffneten Augen hinsetzen. Achten Sie auf die Vorteile und Schwierigkeiten, insbesondere bei offenen Augen, wie bei den anderen beiden Meditationen. Wenn Sie möchten, können Sie Notizen über Ihre Erfahrungen machen.

SITZEN SIE MIT DEN EMOTIONEN, UM SORGEN ZU VERRINGERN

Dauer: 5 Minuten

Eine Möglichkeit, Sorgen zu verringern, besteht darin, die Aufmerksamkeit auf die Emotion zu richten, die die Sorgen auslöst. Wenn Sie Ihre Aufmerksamkeit von besorgniserregenden Gedanken auf die bloße Wahrnehmung der damit verbundenen Emotionen lenken, werden Ängste und Sorgen deutlich reduziert.

Ausführung

- Wenn Sie erkennen, dass Sie besorgniserregenden Gedanken ausgesetzt sind, ist dies der ideale Zeitpunkt für diese Übung.
- Achten Sie auf die besorgniserregenden Gedanken oder die Geschichte, die Sie beunruhigt.
- Welche Emotion begleitet diese Gedanken?
- Identifizieren Sie die Emotion und seien Sie sich ihrer bewusst. Fühlen Sie sie, solange sie anhält oder solange es nötig ist.
- Sie können jederzeit später zu diesem Thema zurückkehren. Beachten Sie, wie Angst und Grübeln nachlassen, wenn Sie diese Übung durchführen.

VERBINDEN SIE IHRE ZIELE MIT IHRER LEIDENSCHAFT

1. Schreiben Sie Ihre Vision nieder.
2. Reflektieren Sie über Ihr Leben.
3. Untersuchen Sie sich selbst.
4. Beginnen Sie mit dem Lesen.
5. Engen Sie Ihre Suche ein.
6. Suchen Sie sich einen Mentor, der Sie inspiriert.

7. Machen Sie Brainstorming und schreiben Sie Ihre Ideen auf.
8. Ergreifen Sie die erste Handlung.
9. Berücksichtigen Sie die Bedürfnisse anderer Menschen.
10. Beginnen Sie, Geld zu sparen.

SCHLUSSFOLGERUNGEN

Da Sie nun am Ende dieses Buches angelangt sind, hoffe ich, dass Sie herausgefunden haben, wie Sie beginnen können, Stress und Angst ein für alle Mal zu überwinden und eine Strategie (oder zwei oder drei), die Ihnen am Herzen liegt, erstmals in die Praxis umzusetzen. Bevor Sie jedoch weitermachen und alles geben, ist es wichtig, dass Sie realistische Erwartungen an den Erfolg haben, den Sie in naher Zukunft erwarten können.

Es stimmt zwar, dass manche Menschen sofort Erfolg haben, doch das ist eher die Ausnahme als die Regel. Das bedeutet, dass es einige Zeit dauern wird, die Techniken zu erlernen und zu lernen, wie Sie mit Ihrer Angst umgehen können, insbesondere wenn Sie herausfinden möchten, was für Sie am besten funktioniert. Anstatt Ihre Hoffnungen auf ein unrealistisches Niveau zu setzen, sollten Sie die Zeit, die Sie für die Verbesserung Ihrer geistigen Gesundheit aufwenden, als einen Marathon und nicht als einen Sprint betrachten, was bedeutet, dass Sie das Rennen jedes Mal langsam und stetig gewinnen werden.

Obwohl Meditation heutzutage eine beliebte Praxis ist, praktizieren die meisten von uns sie nicht effizient, mit der

Ausrede, dass wir keine Zeit dafür finden. Um dies zur Gewohnheit zu machen, ist Regelmäßigkeit wichtig. Unabhängig davon, ob unser Lebensstil uns beschäftigt, wird Meditation nach einer gewissen Zeit ihre Ergebnisse zeigen und sich als zunehmend nützlich und praktikabel erweisen. Wenn Sie sich Zeit zum Üben nehmen, können Sie die Sorgen des ganzen Tages vertreiben. Beständigkeit ist der Schlüssel: Wenn Sie regelmäßig in einem physischen Raum üben, den Sie oft sehen, wird Ihr Gehirn dazu angeregt, diese individuelle Verantwortung aufrechtzuerhalten.

Meditation ist etwas, das man praktizieren muss, wenn man im Leben inneren Frieden finden möchte, und es wird nur dank der Zeit möglich, die man in sie investiert. Deshalb ist Übung so wichtig: Die Konzentration auf das, was man erreichen und verbessern muss, ist der ideale Ansatz, um richtig zu testen.

Es kommt jedoch der Punkt, an dem sich Ihre Trainingseinheit als zu ablenkend erweisen kann, um nützlich zu sein. Durch die Fokussierung auf Ihre Ziele im Training werden Sie Ihre Zeit spürbar gewinnbringender nutzen und sich viel schneller einarbeiten.

Viele Menschen ignorieren Zeitpläne, weil sie lieber spontan sein und keine zusätzlichen Verpflichtungen eingehen, Dinge so akzeptieren möchten, wie sie sind, und ihre Zeit frei einteilen wollen. Eine tägliche Übung kann jedoch das allgemeine Wohlbefinden, den Wohlstand und die Effizienz verbessern.

Es gibt zahlreiche Ansätze, einen Tagesplan zu erstellen, aber die wichtigste Richtlinie besteht darin, dass er für Sie funktioniert.

Hier sind einige Tipps für die Einhaltung eines Tagesplans:

1. Erstellen Sie einen Meditationsplan

Dieser Fortschritt scheint einfach zu sein, ist aber von grundlegender Bedeutung. Einer der wichtigsten Schritte auf dem Weg zur Neigung, etwas im Alltag zu tun, insbesondere Kontemplation, besteht darin, es nach einem vorher festgelegten Zeitplan zu tun.

Legen Sie einen Tagesplan für Ihre Meditationssitzung fest und halten Sie sich daran, egal was passiert. Wenn etwas den Gesamtablauf stört, planen Sie Ihre Sitzung so schnell wie möglich neu und kommen Sie zurück zu Ihrer Praxis.

2. Schaffen Sie einen Raum, der der Meditation gewidmet ist

Einen Raum für Meditation zu schaffen, kann genauso wichtig sein, wie einen Bereich des Raumes von Unordnung zu befreien und ein Kissen zu platzieren. Ganz gleich, ob es sich um einen ganzen Raum, eine Ecke oder einen anderen Ort handelt, das Wichtigste ist, dass alle Ablenkungen ausgeschlossen werden und in diesem Raum nur das Wesentliche zu finden ist.

3. Beginnen Sie mit 60 Sekunden

Setzen Sie sich zunächst nur 60 Sekunden hin und arbeiten Sie sich die Zeit schrittweise durch.

Der wichtigste Schritt, Meditation zu einer täglichen Routine zu machen, besteht darin, einfach jeden Tag zu sitzen, unabhängig davon, wie lange Sie sitzen.

4. Bleiben Sie gelassen

Helfen Sie sich selbst, wenn Sie versuchen, Meditation zu einer täglichen Aufgabe zu machen, und machen Sie es einfach. Legen Sie Ihre Anstrengungen beiseite und halten Sie einen Tagesplan für Ruhe, Essen und Bewegung ein. Denken

Sie daran, dass dies Ihr Leben ist und Sie es so gestalten müssen, wie es für Sie am besten ist.

Meditation ist etwas, das uns im gegenwärtigen Moment gewinnen lässt. Es ist eine tiefe Verbindung mit dem Geist durch ein gesteigertes Bewusstsein für sich selbst und alles um uns herum. Regelmäßige Meditationspraxis wird hervorragende Ergebnisse zeigen.

Milton Keynes UK
Ingram Content Group UK Ltd.
UKHW021630011224
451755UK00010B/549